The Theology of Illness
우리 모두는 다 아파요

쟝-클로드 라르쉐 지음 | 김인규 옮김

가톨릭출판사

우리 모두는 다 아파요

2009년 5월 25일 교회 인가
2009년 7월 17일 초판 1쇄 펴냄
2009년 12월 24일 초판 2쇄 펴냄

지은이·쟝-클로드 라르쉐
옮긴이·김인규
펴낸이·정진석
펴낸곳·가톨릭출판사
편집 겸 인쇄인·김승철

주소·서울특별시 중구 중림동 149-2
경기도 파주시 조리읍 오산리 400-8 프린팅파크 內
등록·1958. 1. 16. 제2-314호
전화·(02)360-9114(대)
(02)360-9172(영업국)
지로번호·3000997

ISBN 978-89-321-1158-2 03230

값 10,000원

http://www.catholicbook.kr

인터넷 가톨릭서점 http://www.catholicbook.kr
명동대성당 서적성물센터 (02)776-3601, 3602/ FAX (02)776-1019
가톨릭회관 서적성물센터 (02)777-2521/ FAX (02)777-2520
서초동성당 서적성물센터 서초지점 070-8234-1880
가톨릭 플러스 (02)2258-6439, 070-7757-1886
미주지사 (323)734-3383/ FAX (323)734-3380

가톨릭의 모든 도서와 성물을 '인터넷 가톨릭서점'에서 만나 보실 수 있습니다.

이 도서의 국립중앙도서관 출판시도서목록(CIP)은 e-CIP홈페이지(http://www.nl.go.kr/ecip)에서
이용하실 수 있습니다. (CIP제어번호:CIP2009002000)

The THEOLOGY *of* ILLNESS

Jean-Claude Larchet

La Théologie de la Maladie
by Jean-Claude Larchet

Original Copyright © 1991, Les Éditions du Cerf
Korean Copyright © 2009 by Catholic Publishing House, Seoul, Korea

감사의 글

성령의 인도로
이 책을 접하는
고통을 겪는 모든 분들에게
이 책을 바칩니다.

아울러 이 책이 나오기까지 도와주신
서울 대교구 일반 병원 사목자들과
'마뗄 암재단'에 감사드립니다.

차 례

소개글 _ 8
머리말 _ 11

I. **질병의 기원** _ 21
  원래의 "완전성" _ 23
  질병의 초기 원인: 죄의 기원 _ 35
  자신을 괴롭히는 질병에 대해서 사람은 책임이 있는가? _ 45
  육화된 말씀에 의한 인간 본성의 치유 _ 54
  어째서 질병은 지속되는가? _ 57
  신체의 질병과 영혼의 질병 _ 69
  건강의 불안정성 _ 74

II. **질병의 영성적 의미** _ 75
  건강과 질병의 양립성 _ 77
  질병과 고통의 긍정적 의미 _ 80
  섭리의 나타남 _ 85
  영적 진보를 위한 기회 _ 90
  하느님의 도우심과 인간의 공헌 _ 97
  인내의 중요성 _ 101
  기도의 본질적 역할 _ 102
  거룩함으로 가는 길 _ 109

Ⅲ. 치유를 향한 그리스도인의 길 _ 113

하느님을 영광스럽게 하는 치유 방법 찾기 _ 115
의사이신 그리스도 _ 118
성인들은 그리스도의 이름으로 병을 고친다 _ 121
치유를 향한 영적인 길 _ 124
세속 의학의 역할 _ 147
과격주의자 입장 _ 157
치료의 세속적인 수단을 영적으로 이해하기 _ 164
치유는 하느님으로부터 온다 _ 167
의학의 한계 _ 171
영혼의 치유를 위해 돌보기 _ 174
육체의 치유는 우리 전 존재의 치유를 상징화하고 예시한다 _ 177
영혼의 질병은 육체의 질병보다 더 심각하다 _ 179
육체 건강의 상대적인 특성 _ 180
미래에 부패하지 않고 불멸한다는 약속 _ 181
그리스도는 육체도 구원하기 위해서 오셨다 _ 182

소개글

지난 세기 중반에 발행된 루이스(C.S. Lewis)의 고전적 연구 성과물인 『고통의 문제』는 고통의 전반적인 문제, 특히 '무죄한' 고통으로 인식되는 것과 관련해서 그리스도교 세계에서 크고 심오한 반향을 불러일으켰다. 그 이래로 다양한 분야에서 일어난 반응에 초점을 맞춘 많은 수의 작품들이 나타났다. 그러나 인간의 질병, 이를테면 몸의 아픔과 영혼의 아픔의 기원과 의미에 관해 다룬 책은 거의 없었다.

이런 추세에 비추어 큰 예외가 있는데, 그것은 바로 프랑스 정교회의 교사이며 학자인 장-클로드 라르쉐(Jean-Claude Larchet)의 작품이다. 그의 기념비적인 박사 학위 논문 『영적 질병의 치료법』(1993년에 재판이 나왔으며, 장장 946쪽에 이른다!)이 출판된 이래로 현재에 이르기까지, 라르쉐는 교회 안에서 질병을 치유하기 위해 개발된 영적인 치료법들과 아울러, 특히 질병에 관한 물음들에 집중해왔다. 그러나 그의 신학적인 관심이 이런 특별한 문제에만 국한된 것은 결코 아니다. 그는 증거자 성 막시모라든가 그 시절에 니체아 콘스탄티노플 신경의 서방교회 번역본에 나오는 '성자와'(filioque)라는 구절을 두고 정교회와 가톨릭 사이에 벌어졌던 논쟁과 같은 다양한 주제들에 관하여 진지하고도 가치 있는 연구들을 수행하였다.

이 책 『질병의 신학』은 원래 1991년에 나왔다. 이 작가의 출판된 작품들이 모두 그런 것처럼, 이 책 또한 주로 성경과 정교회의 전례적 원천들을 이용하는 가운데, 그리스 교부의 전승을 따르는 거룩한 교부들의 지혜가 깊이 스며들어 있다. 그럼에도 불구하고 저자는 학문적인 연구를 하려고 하지는 않는다. 오히려 평신도의 수준에서 가장 어렵고 골치 아픈 인간 경험의 문제, 즉 육신의 질병의 궁극적인 의미와 그 기원 같은 것을 탐구하고자 한다. 우리들 각자는 '병에서 죽음에 이르기까지' 속박을 당하고 있다. 이 책은 그런 질병의 중대성과 기원을 새롭게 바라보게 해 준다. 그래서 진실하고 영적인 건강을 향한 길을 제시하는데, 그것은 우리 때문에 시달리시는 하느님의 은총과 자비로 결국은 하느님 나라에서 성취될 것이다. 저자는 질병과 죄의 관계를 숙고하면서, 전통적이지만 상쾌하게 인간 본성과 인간의 인격에 관한 현대적 시각을 제공한다. 그가 깊이 생각하는 문제는, 근본적인 것으로서, 타락한 세상에 있는 죄의 기원과 그것이 육신 건강에 미치는 타격과 함께, 성자의 육화가 인간 본성을 치유한다는 것이다. 두 번째 장에서 그는 질병의 긍정적인 가치에 대해서 논의하는데, 그것은 어떻게 하면 질병에서 인내와 기도, 그리고 영적인 성장을 낳을 수 있는가 하는 것이다. 마지막으로, 그는 하느님께 영광을 드리는 하나의 수단으로서 치유 문제를 다루면서, 진정한 건강을 증진시키는 데에 성사와 기도가 중요한 역할을 한다는 점을 다시 한 번 강조한다.

이 작품 도처에서 라르쉐 박사는 교회의 성직자와 교회 신자들의 생활이라는 맥락 안에서 영적인 성장과 육신적 치유를 조심스럽게 다룬다. 그의 전망은 교회론적으로 심오하다. 즉 그리스도교적 전체성과 건강에 이르는 통로는 고립된 개인이 아니라 그리스도의 우주적인 몸의 한 구성원으로서 아픈 사람에게 관련된다는 것이다.

초기 교부시대 이래로 정교회는 이 그리스도교적 치유의 통로를 충분히 계획했다. 왜냐하면 '보수를 바라지 않는 거룩한 성인들'이라고 우리가 존경하는 성직자들과 함께하는 병원과 병자들을 위한 수용소들을 만들었기 때문이다. 저자가 제시하는 것처럼, 신학적 반성과 질병이라는 현상에 대한 교부들의 실천적 반응과 오늘날 우리 시대의 발달된 약, 치료법에 대한 다양한 접근 사이에는 본질적인 연속성이 있다. 그러므로 그는, 모든 진정한 치유는 하느님의 사랑과 수난으로 주어진 하나의 선물이라고 주장하면서도, 현대적 의학의 혜택과 그 사용의 타당성을 강조할 수 있는 것이다.

우리는 많은 언어권에서 이미 번역된 이 책이 이제나마 영어로 번역된 것을 감사한다. 이 책은 악, 죄, 질병의 신비와 거룩함을 향한 우리의 노력 안에 자리하는 그것들의 모습을 새롭게 통찰하도록 하는 작품이다. 이 책은 우리 자신의 삶과 우리가 기도해주는 모든 사람들의 삶 안에서 병과 속죄적인 고통을 바라보는 성서적, 교부적 전망에 대한 깊은 이해를 제공한다. 무엇보다도, 이 책은 '고통의 문제'를 심오한 신학적 틀 안에, 우리 영혼과 육신의 의사이신 그리스도의 치유의 손길에 의해 질병과 고통의 신비에 대한 궁극적인 해결이 제공되는 틀 안에 집어넣음으로써 우리에게 다시 새로워진 희망을 준다.

존 브렉 신부

머리말

　일생을 살아가면서 질병과 마주친 적이 없는 사람은 아무도 없다. 질병은 불가피하게도 인간 조건과 연결되어 있다. 완벽하게 건강한 기관은 없다. 그리고 건강 자체는 생명력과 그것을 방해하는 다른 힘들 사이의 일시적 균형 이상의 그 어떤 것이 아니다. 왜냐하면 생명력의 패권은 임시적이며 깨지기 쉽기 때문이다.

　사람들이 말하는 것처럼, 생명은 그 본성상 곧 찾아올 죽음의 거처이다. 우리 몸의 각 세포는 자신을 파괴하려는 힘과 계속 싸움을 진행하게 되어 있다. 젊었을 때부터 우리의 조직은 퇴화와 일반적 마멸에 따르도록 하는 커다란 세력 안에 있다. 우리가 태어날 때부터 인간의 세포는 스스로의 멸망의 씨앗을 배태하고 있다… 병은 우리의 새로운 전체 생명에 상처를 준다. 심지어 건강한 것처럼 보일지라도, 생물학적 현상은 늘 '정상적인' 것의 경계를 초과한다. 의학 전문가들은 병적인 상태로 이어지는 육체적 진행과정이 가장 기초적인 생명 – 기능[1]과 결합되어 있다는 사실을 늘 관찰한다. 우리가 건강하다고 믿고 있을 때조차, 질병은 우리 안에 잠재해 있다. 그리고 그 질병은 한 가지 또는 다른 형태로 나타나기 위해 자기에 대한 우리의 방어체계 중의 하나를 약화시킬 것을 요구한다. 그리고 때때로 우리가 질병을 알아차리기

---

[1] 마르셀 상드레이유(Marcel Sendrail), 『병의 문화적 역사』(Toulouse, 1980), 2쪽

도 전에 심각한 상처를 남긴다.

모든 질병의 형태는 고통을 야기한다. 그 대부분의 질병 때문에 우리는 육체적으로나 심리적으로 고통을 겪는다. 모든 질병은 때로는 그 확실한 잔인성으로 우리 약한 본성 상태를 드러낸다. 건강과 생물학적 생명은 우리가 영원히 확보할 수 있는 '상품' 같은 것이 되지 못할 뿐만 아니라, 이 세상에서 우리의 몸은 축소되고 쇠퇴하며 결국은 죽을 운명이라는 점을 질병은 우리에게 상기시켜 준다.

이런 전망에서, 질병은 '왜? 어째서 나를? 하필이면 지금? 얼마나 오랫동안? 나는 어떻게 될 것인가?'라는 회피할 수 없는 수많은 질문들을 내놓는다.

모든 질병은, 그것이 모호하지도 않고 상냥하지도 않다는 사실을 가지고, 강렬하게 우리의 마음을 빼앗는 우리 자신에 관한 질문을 나타내지만, 종종 우리의 존재 자체를 괴롭히는 공격을 나타내기도 한다. 이런 질문은 종종 비판적이다. 왜냐하면 질병은 항상 우리가 습득한 삶의 패턴, 우리의 신체적이고 심리적인 기능들의 자유로운 사용, 우리의 가치 체계, 다른 사람과의 관계, 심지어는 인생 자체까지도 포함하는 우리 삶의 기초와 구조와 형태에 관해 묻기 때문이다. 이것이 우리가 아플 때 불가피하게 죽음이 엄연한 현실이 되는 이유이다.

단지 우리 몸에 가볍게 닿는 사건과는 다르게, 어느 제한된 시간 동안에 일어나는 사건인 질병은 종종 우리로 하여금 우리의 전존재와 우리의 운명을 끌어들이는 영적 투쟁을 취하라고 강요한다. 그럭저럭 우리는 질병과 이에 수반되는 고통의 다양한 형태를 취함으로써, 그리고 이 시련에 대한 이론적이지만 특히 실천적인 해결책을 발견함으로써 이런 시련을 극복해야 한다. 우리의 인생 과정에서, 우리 각자는 질병과 고통을 이론적인 면에서 숙고해야 할 뿐만 아니라, 이런 질병과 고통이 생길 때 한편으로 그것을 알아차리거나 아니면 그것을 개인적으로 극복하면서 계속 살아나가기 위한 방법을 발견해야 할 필요도 있는 것이다.

물론 그것은 쉽지 않다. 통상 질병은 우리를, 우리 인생의 조건이 수정되는 장소이며, 또한 우리 주변의 상태와의 관계가 불안해지고 종종 그 강요된 고립으로 인해서 약화되는 곳인 낯익지 않은 영역에, 처넣는다. 이러한 경우에, 우리는 물리적 고통을 처리해야 할 뿐만 아니라 걱정과 낙담, 심지어는 고뇌와 절망도 처리해야 한다. 이것은 오로지 우리의 고독감만을 증가시킨다. 왜냐하면 우리는 이런 상황을 직면하려는 노력을 하다 보면 아주 큰 고독을 느끼게 되기 때문이다.

오늘날의 사람들이 골칫거리 전반에 대처하기 위한 방책들을 자신의 선조들보다 훨씬 적게 가지고 있다는 데에는 의문의 여지가 없다.

의문의 여지없이, 현대 의학은 현저하게 높은 수준의 과학 지식과 기술 능력과 사회적 조직을 이룩했다. 현대 의학은 예방, 진단, 치료요법의 영역에서 엄청난 결과를 달성했다. 과거에 상당히 많은 인구들을 감소시킨 수많은 질병들이 현대에 와서 사실상 거의 사라졌다. 오늘날 우리는 우리 조상들이 오래도록 견디어야 했거나 혹은 완전히 치유할 수 없는 고통들의 신속한 치유를 기대할 수 있게 되었다. 오늘날 우리는 피할 수 없었던 고통의 형태들로부터 구제될 수 있게 되었다. 그러나 이런 진보에는 한계가 있으며, 심지어는 실패도 있다는 것을 우리는 받아들여야 한다. 이런 한계와 실패는 의학 자체의 탓이라기보다는 특정한 경우에 의학의 응용과 개발의 기초가 되는 다양한 가치나 이데올로기에 기인한다.

순수한 자연주의자의 견지에서 볼 때, 의학의 발달은 질병을 본질적으로, 그리고 그 자체로 고려되는 하나의 현실로 간주함으로써 그것을 구체화하는 데 기여했다. 질병은 그 고통을 당하는 사람 특유의 생리적이고 어느 면에서는 독자적인 것으로 해석되기에 이르렀다. 오늘날 많은 의사들은 사람을 다루기보다는 질병이나 몸의 장기를 다룬다. 이 현실, 즉 점진적으로 계량화되고 관념화되어 가는 진단 방법들과 더욱 더 기술적으로 발달해 가는 치료 방법들로 인해 복잡해졌다는 현실은 일차적으로 상당히 비인간화된 의료 시술이란 결과를 가져왔다. 이는 물론 앓는 사람의 고통과 외로움을 증가시킬 뿐이다. 두 번째 결과는 환자에게서 질병과 고통을 제거해주고, 그렇게 해서 질병에 대처하는 환자들의 수단을 제한하는 것이었다. 현대 의학은 질병과 고통을 순전히 생리학적 특징을 지닌 독립적인 현실로 간주함으로써, 그리하여 결과적으로 순전히 기술적이며 몸에만 적용할 수 있는 치료에 해당하는 것으로 간주함으로써 환자들이 질병과 고통을 떠맡도록 하는 데는 실제로 아무런 도움도 주지 못한다. 오히려, 현대 의학은 환자들이 자기들의 상태와 운명이 전적으로 의사의 손에 놓여 있다고 생각하도록 조장한다. 또한 그들의 고통에 대한 유일한 해결책은 순수하게 의학적인 것뿐이며, 그들의 고통을 견딜 수 있는 유일한 방법은 고통의 제거와 치유를 희망하면서 수동적으로 의학을 바라보는 것뿐이라고 생각하도록 조장한다.

현대 서양 문명의 지배적인 가치들은 사실상 바로 이런 태도를 조장한다. 생물학적 생명에 대한 과대평가가 인간에게 가능한 삶의 유일한 형태로 간주되고, 심리학적 건강이 몸을 중요한 장기(臟器)로 보는, 거의 전적으로 물질적인 용어로 표현되는 복지 상태를 누리는 것으로 간주된다. 온갖 형태의 두려움에 대한 거부와 고통에 대한 억제가 문명의 최고 가치요 사회 발달의 완성으로 간주되고,[2] 생물학적 죽음에 대한 두려움이 인간 실존의 절대적 종말로 간주된다. 이것들은 모두 우리 시대의 수많은 사람들로 하여금 구원이 의학으로부터 오리라고 기대하게 만들며, 그들로 하여금 의사를 현대의 새로운 사제로,[3] 생명이나 죽음의 권한을 가진 왕으로, 그들을 궁극적인 운명을 좌우하는 예언자로 삼도록 조장한다. 이 모든 것은 또한 오늘날의 특정한 의학적, 생물학적, 유전적 조처들이 과학과 기술의 자연스런 발달에서 기인한 것이 아니라고 보는 어리석음—때로는 그렇다는 생각이 들기도 한다—도 설명해준다. 그러나 그것들은 그 욕구를 충족시키고 걱정거리들을 대변하는 역할을 하는 시대정신의 표현일 뿐이다.

본래의 건강한 상태가 회복되어 걱정이 없는 사회에서는 질병과 고통이 완전히 사라질 것이라는,[4] 18세기 말엽에 태동한 희망—과학과 기술의 지속적인 진보에 대한 믿음과 연계된 희망—이 그 어느 때보다 오늘날 팽배해 있다. 현재의 유전공학 분야에서의 발달은 우리로 하여금 이러한 희망에다, 인간 본성의 생물학적 약점이 적절한 조작으로 제거될 수 있으며 아마도 죽음까지도

---

[2] 이 점은 I. Illich의 『*Némésis médical*』(Paris, 1975), ch. 6에서 특정의 과잉 논쟁으로 강조되어 왔다.
[3] M. Foucault의 『*Naissance de la clinique. Une archéologie du savoir médical*』(Paris, 1972)을 보라; I. Illich의 같은 책.
[4] M. Foucault의 같은 책 참조.

결국에는 극복될 수 있으리라는 가능성에 대한 특정한 믿음을 추가할 수 있도록 허용한다.

의심의 여지없이, 이러한 태도들은 인간 본성에 깊이 뿌리를 두고 있는 긍정적 갈망에 대한 증언을 품고 있다. 즉, 인간이 죽음을 벗어날 것이라는 태도를 말한다. 인간은 이 죽음을 틀림없이 인간 본성에 낯선 것으로 생각할 것이며, 그래서 자기의 현재 상태의 한계를 벗어날 것이다. 그리고 인간은 약점으로부터 자유로운 삶의 형태에 도달할 것이며, 여기에서 인간은 한계를 모르는 상태로 자라날 수 있다. 그러나 의학적 생물학적 과학과 기술에서 실제로 그러한 갈망을 만족시킬 수 있는 답을 기대하는 것은 환상이 아닌가? 우리는 만약 많은 질병들이 의학적 진보 덕택에 사라지면 다른 것들이 그 자리를 차지하려고 나타난다는 것에 먼저 주목해야 한다.[5] 선진국들에서 평균 연령은 의미심장하게 증가해 왔으며, 그것은 의학적 발전과 물질적 생활조건의 일반적 진보 덕택이다. 그러나 그 증가는 현재 정지 상태이며, 그 한계를 뛰어넘는 것을 점점 더 어렵게 만드는 한계점을 드러내고 있다. 이런 문제는 통계학적으로 측정된 '삶의 기대치'가 통계학의 법칙에 결코 묶여 있지 않으며 각 개인에게는 아무런 의미가 없다는 사실과는 별개의 문제이다. 그리고 평균 연령 증가의 문제도 오늘날에는 병상(病狀)과 사망률의 중요한 원인이 불의의 **사고**(事故)들이란 사실에서 벗어나 있다. 이 불의의 사고들이란 그 본성상 미리 알 수 없는 것이며, 그 희생자의 수는 과거 전염병의 효과를 생각나게 한다.

---

[5] 참조. M. Sendrail의 인용문, 18장.

고통에 대해서 얘기한다면, 오늘날 특정 치유법이 고통을 제거하거나 적어도 효과적으로 감소시킬 수 있다 하더라도, 그 치료법이 환자의 의식을 줄이고, 수정하거나 억압하지 않고, 그래서 개인적 자유를 더 제한하지 않으면, 고통이 격심해질 때 완전하게 이루어질 수 없다. 이런 사실은 본질적으로 현대인들의 희망을 건설하는 기초가 연약하다는 것을 명확히 보여준다. 종종 수많은 사람들의 생명에 '밤도둑같이' 억지로 끼어드는 죽음과 고통과 질병을 사람들이 매일 경험하면서, 현실은 완전한 건강이라는 영속적인 신화에 대답한다.

그뿐만 아니라 새로운 의학적, 생물학적, 유전공학적 기술들은 스스로 해결하는 것보다 더 많은 문제들을 제기한다는 사실을 인식하는 것이 중요하다. 이것들이 만들어낼 수 있을지도 모르는 '화려한 신세계'는, 만약 그 위에 부과된 한계가 없다면, 그것들에 맹목적으로 신뢰하는 사람들에 의해서 탐색되는 낙원보다 훨씬 더 지옥처럼 보인다. 실제로, 이러한 기술들은 증가하는 인간성 상실로 이끄는 방식으로 발달하고 있는 것 같다. 그 기술들이 인간의 질병과 고통을 독자적인 사건과 순수한 기술의 문제로 바꾸기 때문이다. 왜냐하면 과학기술들은 가끔 인간을 실험의 대상으로 만들며, 인간을 구제하는 것보다는 그 자체를 하나의 목적으로 간주하는 과학적 진보와 과학기술을 지향하기 때문이다. 또한 과학기술은 개인적 관계, 잉태에서 죽음에 이르기까지 인간 실존에 없어서는 안 될 근본적인 인간 가치의 중요성을 가볍게 보기 때문이다.

이런 현실에다가, 우리는 오늘날 대부분의 의학적 실천들이 공통분모처럼 인간 존재를 순수한 생물학적 유기체로서 생각하거나 혹은 더 나아가서는 심신이 서로 관련되는 존재로서 인간 존재를 생각한다는 사실을 추가해야 한다. 이런 이유 때문에 특정 수준에서의 과학기술적 효과에도 불구하고, 과학기술은 또 다른 특정 근본적 수준에서 뿌리 깊은 부정적 효과를 가진다. 왜냐하면 이 기술은 모든 인간 존재를 본질적으로 특징 있게 만드는 영적 차원을 암암리에 무시하기 때문이다. 인간 존재는 생물학적 현실 속에서 모든 살아 있는 유기체의 기능을 지배하는 법칙들에 종속되어 있지만, 몸은 다른 어떤 유기체처럼 취급될 수 없다. 왜냐하면 몸이란 것은 인간 개인의 참된 본성을 잃지 않고서는 인간으로부터 분리될 수 없기 때문이다. 인간 실존의 현재 조건에서 볼 때, 몸은 복잡한 심리적 요소에서, 즉 동물성 위로 인간을 격상시키는 그 심리적 요소에서 분리될 수 없을 뿐만 아니라, 또한 몸의 생물학적 측면보다 더 기본적인 영적 차원으로부터도 분리될 수 없다. 몸은 개인성을 표현할 뿐만 아니라, 어느 정도까지는 그 자체로 개인성인 것이다. 개인성은 단지 몸만 가지고 있는 것이 아니고, 비록 그 개인성이 신체적 한계를 초월하기는 하지만, 개인성 자체가 하나의 몸이다. 이것이 바로 몸을 포함하는 모든 것이 하나의 전체로서 개인성을 포함하는 이유이다. 인간 개인들의 물리적인 가벼운 병을 완화하는 것을 모색할 때, 우리는 인간 개인들의 영적인 차원을 고려하지 않음으로써 인간 개인에게 측량할 수 없는 해로움을 끼친다. 그런 까닭에, 우리 모두는 종종 우리 자신에게서 인간 개인들이 유익하게 자신의 조건을 받아들일 수 있고, 또한 그들이 직면하는 다양한 시련들을 극복할 수 있는 어떤 현실적 가능성의 발단을 빼앗는다.

이 책에서 우리는 이전에 이루어지지 않았던 복합적인 안목으로 질병과 고통에 관한 그리스도교 신학의 기본을 설명하게 될 것이다. 또한 질병의 다양한 양태를 고려하는 안목과 함께, 건강이라는 문제도 또한 다루게 될 것이다. 그러기 위해서, 우리는 본질적으로 성경과 교회 교부들의 근본적인 가르침을 토대로 대답한다.

그런 까닭에, 우리는 우리 시대 사람들이 질병이라는 현상과 그것에 연결되는 고통의 다양한 형태를 이해하도록 도울 수 있는 다양한 전망을 상기하거나 이것에 마음의 문을 열기를 바란다. 그리고 우리는 건강 자체와 치유에 관계되는 문제와 함께 다양한 치료법의 문제들도 다루고 싶다. 그것은 순전히 과학기술과 물질로 구성된 가치들이 지배하는 우리의 문화가 늘 제공하는 것보다 더 큰 틀 안에서 이루어지기 위해서이다. 우리가 바라는 이런 연구법은 독자들이 질병과 고통이라는 짐을 더 잘 받아들이게 할 수 있을 것이다. 우선, 우리는 마치 모든 인간 존재들이 자신들만의 적합한 장소와 관계를 맺고 있는 것처럼, 그리스도인들이 자신과 하느님의 관계라는 구조 안에서 이런 괴로운 경험들을 더 잘 배치할 수 있게 되기를 바란다.

I. 질병의 기원

원래의 '완전성'

하느님께서 "모든 보이는 것과 보이지 않는 것의 창조주"이시라고 해서, 그분이 질병과 고통과 죽음을 만드신 분이라고 생각할 수는 없다. 교부들은 이런 점을 이구동성으로 주장한다. 성 바실리오(St. Basil)는 자신의 설교 '하느님은 고통의 원인이 아니시다'에서 이렇게 선언한다. "하느님께서 우리 고통의 창시자라고 믿는 것은 어리석은 짓이다. 이런 신성모독은 […] 하느님의 선하심을 파괴한다."[1] 질병은 하느님의 손으로 만들어진 […] 것이 아니다.[2] "육신을 만드신 하느님께서 영혼은 만드셨지만 결코 죄는 만들지 않으신 것처럼 질병 또한 만들지 않으셨다."[3] 이와 똑같이, "하느님께서 죽음을 만들지 않으셨다."[4]는 것은 명백하다. 우리의 죽을 운명, 짧은 인생, 인간 조건의 고통스러운 성격, 온갖 종류의 육체적 정신적 질병에 시달리는 우리의 성향 때문에 사람이 하느님의 모상으로 창조되었다는 성서의 주장에 반대하는 사람들에게, 니사의 성 그레고리오(St. Gregory of Nyssa)는 이렇게 대답한다. "현재 인간 생명의 조건이 비정상적이라고 해서, 사람이 [하느님의 모상성에서 유래하는] 선익을 결코 지녀본 적이 없다고 할 수는 없다. 사실, 사람은 당신의 선하심으로 인간에게 생명을 주시려고 하신 하느님의 작품이기에, 아무도 합리적으로 하느님의 선하심 덕택에 자기의 존재를 얻은 피조물이 자신의 창조

---

1) 「강론: 하느님은 악의 원인이 아니시다」 2; PG 31. 332B.
2) 같은 책, 6. 344 A.
3) 같은 책, 6. 344 B.
4) 같은 책, 7. 345 A.

주에 의해서 고통에 빠질 수 있었다고 결론을 내릴 수는 없는 것이다. 우리의 현재 조건과 우리에게서 인간 존재라는 부러운 지위를 빼앗아간 요인들과 관련해서는 다른 이유가 있다.5)

"가장 편협한 사람들만이 육체적 고통들만 보고서 [현재의] 우리 본성의 일관성 없는 특징을 두드러지게 하거나, 아니면 우리의 고통에 대한 책임을 하느님에게 돌리는 것을 피하기 위하여, 하느님이 사람의 창조주라는 칭호를 전적으로 부인할 것이다."6)

증거자 성 막시모(St. Maximus the Confessor)는 "하느님께서는 인간 본성을 창조함에 있어서 인간 본성 안에 고통을 […] 도입하지 않으셨다."7)는 것과, 뒤를 잇는 고통과 타락과 죽음에 대한 감수성은 하느님으로부터 오지 않았다8)는 것을 강조한다. 성 그레고리오 팔라마스(St. Gregory Palamas)는 "하느님께서는 죽음도, 질병도, 각종 허약함들도 창조하지 않으셨다."9), "하느님께서는 영혼의 죽음도 육신의 죽음도 창조하지 않으셨다."10), "이 육신의 죽음은 하느님께서 주신 것이 아니다. 그분은 죽음을 만들지도 않으셨으며 죽음이 있어야 한다고 정하지도 않으셨다.11) […] 그리고 또한 하느님께서는 육신적 질병의 창조주가 아니시다."12)라는 점을 선언한다. 지혜서의 저자는 "하느님께서는 죽음을 만들지 않

---

5) 『교리교육에 관한 담화』 V.8-9; 같은 책 II와 VII.4; 참조. 「동정성에 관한 논문」, XII. 2.
6) 위의 책, VIII.15.
7) 『탈라시오에게』 61; PG 90. 628A.
8) 위의 책, 4 I ; PG 90. 408C.
9) 『강론』 X X X I ; PG 90. 408C.
10) 『신학과 윤리적 장들』, 51.
11) 참조. 위의 책, 47.
12) 『강론』 X X X I; PG 151. 396C; 참조. 388B.

으셨고 산 이들의 멸망을 기뻐하지 않으신다. 하느님께서는 만물을 존재하라고 창조하셨으니 세상의 피조물이 다 이롭고 그 안에 파멸의 독이 없다."(지혜 1,13-14)라는 점을 이미 확언한 바 있다.

성령에 감도된 창세기 저자는 태초 하느님의 창조가 전적으로 좋은 것이라고 계시하고 있으며, 교부들은 사람이 인간 본성의 최초 상태에서는 질병, 허약함, 고통 또는 타락에 대해서 아무 것도 몰랐다고 이구동성으로 가르친다.13) 가자의 성 도로테오(St. Dorotheus of Gaza)는 "사람은 낙원의 즐거움 속에서 살았는데 […], 거기에서 사람은 창조된 자연 상태로 존재하면서 자신의 충만한 능력을 소유했다."14)라고 언급한다.

성 아우구스티노(St. Augustine)에 의하면, 사람은 "자신의 육신이 완벽한 건강 상태임을 알았다."15) 그리고 성 요한 크리소스토모(St. John Chrysostom)는 이렇게 덧붙인다. "우리 몸이 하느님의 손을 떠났을 때의 상태를 알고 싶으면, 낙원으로 가서 하느님께서 거기에 놓아 두셨던 사람을 보라. 인간의 몸이 타락하는 것은 쉽지 않았다. 가마에서 꺼낸 밝게 빛나는 상처럼, 인간은 우리가 인생에서 알고 있는 아무런 결점들도 경험하지 않았다."16)

---

13) 이 책 전반을 통하여 우리가 추론해 온 '타락'(*phtora*)이라는 용어는 두 개의 다른 의미를 가진다. 즉 한편으로는 그것이 죽음 이후의 육신의 분해를 나타내고, 다른 한편으로는 육신에 관한(그리고, 더 넓은 의미에서는, 영혼에 관한) 그 어떤 종류의 변화를 나타낸다. 이 두 번째 의미는 질병, 고통, 피로 그리고 그와 비슷한 것들과 관계가 있을 수도 있다. 다마스코스의 성 요한(St. John of Damascus)의 『정통신앙(The Orthodox Faith)』 III.28을 참조하라.
14) 『가르침』 1.1; 참조. Abba Isaiah의 『금욕생활에 관한 저술』 II.2.
15) 『신국론(The City of God)』 XIV. 26.
16) 다음 문헌들을 참조하라. 『법규들에 관한 강론』 XI, 2; 『창세기에 관한 강론들』 V. 1과 4: "비록 사람은 몸에 옷을 걸쳤지만, 인생에서 다루기 힘든 필수품 때문에 고통을 겪지는 않았다"; XVI, 1: 아담과 하와는 "비록 몸에 옷을 입었지만, 허약함을 경험하지 않았다. […] 그들의 삶은 모든 고통과 슬픔

니사의 성 그레고리오는 말한다. "질병도 기형도 태초에 우리의 [원초적] 본성에는 없었으며,"[17] 신체적 고통, "우리 조건의 부분들을 구성하는 몸을 시험하는 것, 우리의 수많은 질병들(태초의 인류는 이런 것들을 모르고 있었다)도 없었다."[18]

그레고리오는 이렇게 덧붙인다. "처음에 인간은 본성에 의해서나 자신의 본성에 연합된 어떤 필수적인 속성으로서 고통을 겪어낼 능력을 가지고 있지 않았으며, 그리고 고통을 겪어낼 능력이 그의 본성을 오염시킨 것은 단지 나중의 일이었다."[19] 고통이 없으며 부패하지 않는 조건은 태초에 인간이 가지고 있었던 많은 성질들 가운데 나타난다.[20] "우리 인간 조건의 한 부분인 몸의 시련과 태초의 인류가 몰랐던 수많은 질병들에 대해서 말하는 사람은, [원초적] 행복과 자신의 [현재의] 고통을 비교하고 [자신이 현재 당하는] 악과 [자신이 태초에 가지고 있었던] 축복을 비교할 때 많은 눈물을 흘릴 것이다."[21] 증거자 성 막시모는 이렇게 쓴다. "하느님으로부터 자신의 존재를 받은 첫 인간은 죄와 타락에 영향을 받지 않는 존재로 시작했다. 왜냐하면 하느님은 죄든 타락이든 그 어떤 것도 인간과 함께 창조하지 않으셨기 때문이다."[22] 그리고 "인간이 고통에 빠지는 것, 타락과 죽음은 태초에 없었기 때문이다."[23]

에서 자유로웠다"; ⅩⅥ.4: 그들은 "몸의 약함을 겪지 않은 채로 몸에 옷을 입었다."
17) 『편지』 Ⅲ. 17.
18) 『참행복에 관한 강론』 Ⅲ. 5; 참조. 『교리교육적 담화』 Ⅴ. 8.
19) 『동정성에 관하여』 Ⅶ. 2.
20) 『산상수훈에 관한 강론』 Ⅲ.5.
21) 위의 책.
22) 『탈라시오스에게』 21; PG 90. 312B.

이런 이중적인 주장, 즉 하느님은 죽음을 창조하지 않으셨다는 것과 최초의 상태에서 인간이 타락할 수 없었다는 것은, 논리적으로 인간이 자기 본성의 원초적 상태에서 불사불멸의 존재였다는 것도 의미한다. 수많은 교부들의 문헌들이 이 점을 옹호한다.[24]

그러나 좀 더 가까이 들여다보면, 이 점에 있어서 교부들의 의견에 미묘한 차이가 많았다는 사실을 알 수 있다. 그들의 생각이 "하느님께서 흙의 먼지로 사람을 빚으셨다"(창세 2,7)는 성서적 주장에 근거한다고 볼 때, 창조된 것과 창조되지 않은 것 사이에 명확한 차이를 두려고 했던 많은 교부들은 창조 당시와 그 본성에 비추어 인간의 몸은 변하기 쉽고, 타락하기 쉽고, 죽을 존재라는 점을 주저하지 않고 주장했다. "인간은 바로 그 자신의 몸의 본성 때문에 죽을 존재이다."라고 성 아우구스티노는 주장했다.[25] 성 아타나시오는 이에 덧붙여 "본성적으로 인간은 무로부터 창조된 이래로 죽을 존재이다."[26]라고 했다. 또한 그는 인간이 그 기

---

23) 위의 책, 42; PG 90. 408C.
24) 다음 문헌들을 참조하라. 알렉산드리아의 성 아타나시오의 『이교도를 거슬러』 2-3; 성 바실리오의 「강론: 하느님은 악의 원인이 아니시다」 7, PG 31. 344C (하느님은 아담에게 '영생의 기쁨'을 주셨다); 니사의 성 그레고리오의 Cat. disc. V. 6("영원성은 초자연으로부터 유래한 선익들 중의 하나이기 때문에, 이 점에 관한 우리 본성의 구조는 그 자체로 불멸성의 원리[to athanaton]를 가진다는 것은 절대적으로 필요하다."); 같은 책. V. 8("영원성에는 아담이 원래 가지고 있었던 속성 가운데에 물리적 고통이 없다."); 같은 책, VIII. 4-5("죽을 운명의 조건은 원래 비이성적 조물이 가지는 것이다."); 『동정성에 관하여』 XII. 2("인간은 스스로 자기의 본성의 본질적 속성으로서 죽을 능력을 가지지 못했다."); 다마스코스의 성 요한의 『정통신앙에 관하여』 II. 12("하느님은 인간을 […] 불멸하게 하셨다."); 성 요한 크리소스토모의 『법규에 관한 강론집』 XI, 2(낙원에서 봄은 "죽음에 복종하지 않았다.").
25) 『문학적인 관점의 창조론』 VI. 25; PL 34. 345.
26) 『말씀의 강생에 관하여』 IV. 6. 참조 IV. 4.

원에서부터 "쉽게 타락할 수 있는 본성을 타고났다."[27]는 점도 주장했다. 성 크리소스토모는 사람이 낙원에서 그 어떤 절박한 욕구를 경험하지는 않았지만 "죽을 몸을 입었다."[28]는 점을 기록하였다. 교부들은 종종 자신들의 주장에서 미묘한 차이를 보이면서 말하는데, 즉 인간은 "쉽게 타락하지 않게"[29] 혹은 "불사불멸하게"[30] 창조되었으며, 또한 인간의 본성은 신적인 불멸성[31]에 참여하려고 애쓰고 있다는 것이다. 또한 교부들은 이러한 가치들이 인간 본성 자체의 속성이었다면 전적으로 처음부터 획득된 것은 아니라는 점을 지적하면서, 쉽게 타락하지 않고 불사불멸[32]하리라는 '약속'에 대해서 말하였다.

이것이 의미하는 것은, 첫 인간이 타락하지 않고 불사불멸하는 것은 단지 신적인 은총 때문이라는 것이다. 창세기는 하느님께서 사람을 흙의 먼지로 창조하시자마자 "그에게 숨을 불어넣으셨고, 사람은 즉시 살아 있는 존재가 되었다."고 증언한다. 교부들은 이 숨이 인간 영혼이며 또한 신적인 영이라고 생각했다.[33] 신적인 에너지가 스며들었기 때문에, 아담의 영혼과 몸은 초자연적인 성

---

27) 위의 책, V. 1
28) 『창세기에 관한 강론집』 XVII. 7.
29) 이것은 지혜서 2,23에서 발견되는 표현이며, 성 아타나시오가 『말씀의 강생』 V. 2.에서 인용하는 대목이다.
30) 니사의 성 그레고리오의 『교리교육에 관한 담화』 VIII. 5; 『산상수훈에 관한 강론』 III. 5.
31) 니사의 성 그레고리오의 『교리교육에 관한 담화』 VI.6; 성 아타나시오의 『이단자들을 대항하여』 2; 성 그레고리오 팔라마스의 『신학과 윤리적 장』 47을 참조하라.
32) 성 아타나시오의 『말씀의 강생에 관하여』 III. 4., 성 막시모의 『모호한 것들』 10, PG 91.1156D를 참조하라.
33) 성 그레고리오 팔라마스의 『강론집』 LVII를 보라. 이것은 S. Oikonomos가 편집한 책 *Gregoriou tou Palama omiliai*(Athens, 1861)의 p.213에 있다.

질을 가지게 되었다. 그래서 성 그레고리오 팔라마스는 이것을 "부족한 우리의 본성에 베푸는 엄청난 은총으로 이루어진"34) 신적인 은총이라고 말한다. 영혼과 육신이 건강할 수 있는 것은 바로 이 은총에 의해서이다. "창조 당시에 받은 선물 덕택에 우리는 질병에서 보호된다."35)고 성 바실리오는 말한다. 또한 육신을 타락하지 않게 하고 불사불멸하게 만든 것도 같은 은총에 의해서이다.36) 그래서 성 아우구스티노는 사람이 "그 몸의 본성상 죽을 존재이지만 은총 때문에 불사불멸한다."37)고 말한다. 성 아타나시오는 '불사불멸하는 생'을 살아가는 사람에 대해서 말하는데, 사람은 이 불사불멸의 삶 안에 "하느님의 선물과 성부 하느님의 말씀으로부터 온 특별한 힘을 가지고 있다는 것이다."38) 또한 그는 "사람들은 쉽게 타락하는 본성을 가지고 있었지만, 말씀에 참여하는 은총으로 […] 자신들의 이런 조건에서 벗어날"39) 수 있게 되었다고 말한다. 그 이유는 "사람들에게 현존하시는 말씀으로 말미암아 타락시키는 힘을 가진 그들의 본성이 자신들에게 접근할 수 없었기 때문"40)이라는 것이다.

아담은 이 은총 때문에 본질상 다른 생명체의 상태에서뿐만 아니라41), 현재 우리가 알고 있는 인간 조건 면에서도 아주 달라졌

---

34) 『강론집』 XXXVI; PG 151.452A.
35) Longer Rule, 55.
36) 성 바실리오의 강론 「하느님은 악의 원인이 아니시다.」, PG31.344C; 성 막시모의 『주님의 기도에 관한 주석』, PG90.904C; Ad Thalassios, Introduction, PG90.252D; 성 그레고리오 팔라마스의 『신학과 윤리학적 장』 46; 『강론』 XXXVI; PG151.452A; Oikonomos가 편집한 『강론집』 LIV, p. 213.
37) 『문학적인 관점의 창조론』 VI.25; PG34.354.
38) 『이단자를 거슬러』 2.
39) 『말씀의 강생에 관하여』 V.1.
40) 위의 책, V.2.

다.42) 바로 이것이 우리가 '낙원'43)이라고 말하는 우월한 특전이다. 우월한 지위에로의 은총이라는 이런 접근을 지적하기 위하여, 교부들은 인간이 애초에 낙원에서 창조된 것이 아니라 하느님에 의하여 거기 낙원에 놓이게 되었다는 점을 주장하면서, 창세기 2,8의 본문에 주석을 달았다.44) 이렇게 그들은 낙원과 그 나머지 땅 사이의 명확한 차이점을 이끌어냈다.45) 이런 상태는 영혼뿐 아니라 육신에도 관련된다.46) 그래서 성 막시모는 "우리 조상 아담이 죄에 떨어지기 전 신체 구성의 차이점"에 관하여 말하면서, "이것이 그 자체의 힘으로 현재의 우리를 지탱하고 있다."47)고 말했다. 그러나 우리가 현재의 타락한 상태48)에 관한 시각으로부터 이런 상태를 상상한다는 것은 불가능하다고 교부들은 말하면서도 이 최초의 상태가 마치 천사의 상태49)와 비슷하리라고 추정했다. 특히 니사의 성 그레고리오와 성 막시모에 따르면, 첫 인간 아담의 육신은 현재의 인간의 몸의 특징인 물질성과 중량이 없었다.50) 인간의

---

41) 다마스코스의 성 요한의 『정통신앙』 II.11, 30; 성 요한 크리소스토모의 『창세기에 관한 강론집』 XVI.1; 니사의 성 그레고리오의 『교리교육적인 담화』. VIII. 4.를 참조하라.
42) 니사의 성 그레고리오의 『교리교육적인 담화』 V.9.를 참조하라.
43) 다마스코스의 성 요한의 『정통신앙』 II.11.를 참조하라.
44) 안티오키아의 성 테오필로의 말: "하느님은 흙에서 [사람]을 만들어 땅으로부터 낙원으로 데려왔다."(『Autolycus에게』 II.24); 성 요한 크리소스토모의 말: "하느님께서는 낙원 밖에서 사람을 창조하셨으나, 즉시 낙원에 데려오셨다."(『창세기에 관한 강론들』 XIII.4.)
45) 실례로, 성 막시모의 『모호한 것들』 41; PG 91.1305A&D를 보라.
46) 다마스코스의 성 요한의 『정통신앙』 II.11을 참조하라.
47) 『모호한 것들』 45; PG 91.1353A를 참조하라.
48) 니사의 성 그레고리오의 『교리교육적인 담화』 V.9.을 참조하라.
49) 성 요한 크리소스토모의 『창세기에 관한 강론들』 XVI.1.을 참조하라.
50) 성 막시모의 『모호한 것들』 45; PG91.1353AB에서 말하는, "첫 인간은 벌거벗었지만, 거기에서 그는 육체도 몸도 가지지 않았으며, 그 속에서 그는 죽게

본성은 오히려 사도 바오로가 코린토 1서 15장에서 기술한 부활한 육신의 모습이었다. 그리고 이런 감각에서 교부들은 다음의 부활을 낙원에로의 회복의 상태로 알고 있다고 말해야 한다.51)

되고 단단한 육체를 부여하는 이 물질적 성질을 가지지 않았다." 이 주제에 대한 니사의 성 그레고리오의 사상에 관하여 J. Daniélou의 『Platonisme et théologie mystique』 『Doctrine spirituelle de saint Grégoire de Nysse』 (Paris, 1944), pp. 56-59를 보라.

51) 다음 문헌들을 참조하라. 안티오키아의 성 테오필로의 『Autolycus에게』 II. 26; 성 바실리오의 『인간의 기원에 관하여』 II. 7; 니사의 성 그레고리오의 『인간 창조에 관하여』 XVII; PG44.188CD; XXI, 204A; 증거자 성 막시모의 『탈라시오스에게』 61.669A. 교부들은 근본적으로 인간의 기원에 대해 현대 과학이 가지고 있는 것과는 다른 사상을 가지고 있다. 인간적 고생물학이 생각하는 인간의 역사는 거룩한 전통의 관점과 비교되는 것으로서, 낙원 밖의 인간성의 역사에 대해서만 얘기한다. 교부들은 인간성을 대표하는 것으로서가 아니라, 하느님의 손에서 출현한 것으로서 homo habilis(능력이 있는 인간)를 본다. 그러나 그의 '복잡성'의 가장 낮은 상태로 떨어진, 원래의 지위에서 죄로 떨어진 존재로서 인간을 본다. 그리고 새로운 존재방식에 따라서 자신을 발달시키기 시작한 인간으로 본다. (그러므로 교부들이 아담이 창조된 초기로, 그 탓으로 돌리는 영적 유아기상태를 혼돈하지 않는 것이 중요하다[참조. 성 이레네오의 『이단자를 거슬러』 IV.38.1; 안티오키아의 성 테오필로의 『Autolycu에게』 II.25; 다마스코스의 성 요한의 『정통신앙』 II.11] 역사적인 '유아기' 혹은 초기 인간 존재를 특징짓는 후진성의 상태를 가지는 인간). 성서와 교부들이 보여주는 것처럼, 인간의 원래 상태는 역사적 지식에 관한 질서라기보다는 일시적 질서상태에 놓여 있다. 즉 그것은 민감한 실재의 시간(chronos)에 속하는 것이 아니라, 영적 존재의 기간(aiōn)에 속한다. 이것은 역사학을 벗어난다. 왜냐하면 그것이 영적 역사의 측면에 속하기 때문이다. '비세속적' 존재가 아니고(왜냐하면 그것은 시간의 시작이 있고, 시간을 넘어서 발전하며, 시간은 사실상 이미 시작했기 때문이다), 초기 상태의 아담의 존재는 '역사 이전의 존재'이다. 그것은 마치 예수재림 다음의 인간 존재가 역사 후의 존재가 될 것과 같다. 그래서 영적인 역사는 과학적 역사로 대치될 수 없다. 인간 기원에 관한 전통의 가르침은(화학이라는 과학의 발견과 빵과 와인이 그리스도의 몸과 피로 변하는 성찬례적 변용 속에 있는 교회의 신앙적 지식을 정확히 비교할 수 없는 것처럼, 혹은 천문학과 물리학의 발견과 그리스도의 승천에 관한 지식을 정확히 비교할 수 없는 것처럼) 인간 고생물학에 관한 현대 지식과 정확히 비교될 수 없는 것이다. 이런 각각의 경우에서, 우리는 어떤 것이 다른 것으로 축소될 수 없는 두 가지 다른 이해양식을 처리하게 된다. 각각은 존재와 되어 감의 서로 다른 양식에 관한 것이다. 신앙과 영적 지식은 자

그러나 인간은 자유로운 존재로 창조되었기 때문에, 그는 자신의 자유의지에 따라 이런 은총의 상태를 지켜나가기도 했고 그렇지 않기도 했다. 인간에게 주어진 은총인, 타락하지 않고 불사불멸의 상태로 남는 것은 인간 자신의 책임이었지만, 반대로 그것을 잃어버리는 것은 인간이 그 은총을 거절함으로 인한 것이었다.52) 그래서 교부들이 사람은 쉽게 타락하지 않고 불사불멸하게 창조되었다고 주장하는 것은, 사람이 절대로 타락하지 않고 죽지 않는다는 것을 의미하지 않으며, 다만 사람이 은총과 자유로운 선택으로 자신을 타락시키지 않고 죽지 않을 가능성을 가진다는 것을 말한다. 사람은 자신의 쉽게 타락하지 않는 성질과 불사불멸성을 계속 유지하고 영원한 존재가 되게 하기 위하여, 하느님께서 자기에게 주신 은총을 간직했어야 하고, 이런 목적으로 만들어진 계명의 도움을 통하여 하느님과 일치했어야 한다(창세 2,16-17를 참조하라53)).54) 성 그레고리오 팔라마스의 말 중에 이런 것이 있다. "태초에 사람은 하느님의 한 창조물이었을 뿐만 아니라, 또한 영적으로 그분의 아들이기도 했다. 이런 은총은 하느님

연법칙이, 적당한 용어로 말하면, '초자연'이라는 존재의 양식으로 초월하게 되는 어떤 영역에 부응하는 것이다.
52) 다음 문헌들을 참조하라. 성 아타나시오의 『말씀의 육화에 관하여』 III. 4; 성 막시모의 『탈라시오에게』 61; PG 90.632B; 다마스코스의 성 요한의 『정통신앙』 II.30
53) 지혜 6,18의 "(하느님의) 법을 따름은 불멸을 보장받는 것이다."
54) 이 점에 관해 교부들은 인간의 자유의지에 의존하는 인간의 책임을 강조한다 (이 자유의지는 하느님과의 의지적인 관계를 결정한다). 그만큼 그들은 하느님과의 관련성을 강조한다. 하느님은 인간의 죽음을 바라지 않으시고, 오히려 인간의 불멸을 바라신다. 다음 문헌들을 참조하라. 성 아타나시오의 『말씀의 육화에 관하여』 III.4-5; IV.4; 성 요한 크리소스토모의 『창세기에 관한 강론집』 XVII.3; 성 그레고리오 팔라마스의 『신학과 윤리학적 장들』 47, 『강론집』 XXIX; PG 1515.388D.

의 활기찬 입김을 통하여 인간을 그 영혼과 일치하게 했다(창세 2,7 참조). 그것은 [다가올 하느님나라에 대한] 기대감의 역할을 했다. 즉 만약 인간이 계명을 지켰고 이런 기대감에 대한 효험을 보았더라면, 이를 통해서 하느님과 더욱 완벽한 일치를 맛볼 수 있었을 것이다. 그리고 하느님과 함께 영원한 존재가 되고, 불멸의 옷을 입게 되었을 것이다."55)

그래서 교부들이 태초의 인간이 첫 범죄 때까지 실제로는 불사불멸하는 존재도 죽을 존재도 아니었다고 말하는 이유를 쉽게 이해할 수 있다. 안티오키아의 성 테오필로는 이런 글을 썼다. "그럼에도 불구하고 어떤 이는 이렇게 말할 것이다. '그러나 죽음은 인간 본성의 자연스런 기능이 아니었잖은가?' 천만에 말씀! '그렇다면 인간이 불멸의 존재였는가?' 우리는 그 어떤 것이라고 말하지 않는다. 그들은 이렇게 대답할 것이다. '그러면 사람은 전혀 아무것도 아니라는 의미인가?' 아니, 우리가 말하는 것은 전혀 그런 것이 아니다. 오히려, 인간은 본성상 불멸의 존재가 아니었듯이 죽을 존재도 아니었다. 인간이 태초에 불멸의 존재로 창조되었다면, 신적인 존재로 창조되었을 것이다. 다른 한편으로, 만약 사람이 죽을 존재로 창조되었더라면, 하느님이 인간 죽음의 원인인 것처럼 생각되었을 것이다.

그렇기 때문에 인간은 죽을 존재도 아니고 불멸의 존재도 아닌 것으로 창조되었다. 그렇다, 인간은 죽을 수도 있었고 불멸할 수도 있었다. 인간이 하느님의 계명을 따르며 불멸의 길을 선택했더라면 그 보답으로 불멸성이라는 선물을 받았을 것이다. 그리하

---

55) 『강론집』 LVII, 편집. Oikonomos p. 213을 참조하라. 다마스코스의 성 요한의 『정통신앙』 II.11.

여 인간은 하느님처럼 되었을 것이다. 그러나 반대로 인간은 하느님에게 불순명하며 죽을 짓을 향해 돌아섰기 때문에 스스로 죽음의 원인이 되었다. 이렇게 하느님께서는 인간을 자유롭게 그리고 인간 자신의 운명의 주인으로 창조하셨다."56)

성 아우구스티노는 이런 점을 덧붙였다. "죄가 들어오기 전까지 인간의 몸은 어떤 점에서는 죽을 존재로, 다른 면에서는 불멸의 존재로 간주될 수 있었는데, 죽을 존재라고 하는 이유는 죽을 수 있었기 때문이며, 불멸의 존재라 함은 죽지 않을 수도 있었기 때문이다. […] 죄를 자제함으로써 죽음을 피할 수도 있었다."57) 또한 성 아타나시오도 같은 어조로 기록하였다. "하느님께서는 인간의 자유의지가 인간을 하나의 선택 혹은 다른 선택으로 기울게 할 수도 있었다는 점을 아셨기 때문에 초기의 강화된 은총을 빼앗으셨는데, 이 은총은 이미 낙원에서 인간에게 계명으로 주신 것이다. 그렇게, 인간은 은총을 보존하고 은총지위에 머무르는 한, 낙원에서 슬픔과 고통과 고뇌를 모르는 생활과 함께 천국의 불멸성에 대한 약속을 알았을 것이다. 그러나 인간이 그 계명을 어기면 인간 본성의 타락을 죽음 안에서 경험할 것이며, 더 이상 낙원에 살 수 없을 뿐 아니라 추방당할 것이고, 향후 죽음과 타락 속에 머물게 되리라는 사실을 알게 될 것이다."58) 성 그레고리오 팔라마스도 하느님의 계명 안에 있는 보물을 알았는데, 이는 하

---

56) 『Autolycus에게』 II.27. 의 I.24, "사람은, 완전히 죽을 존재도 아니고, 절대적으로 불멸의 존재도 아닌, 다만 이 둘이 모두 해당되는, 중간적 상황에서 창조되었다."를 참조하라,
57) 『문학적 관점에서의 창세기』 IV.25 그리고 PG 34.354.
58) 『말씀의 육화에 관하여』 III.4. 참조하라. 다마스코스의 성 요한의 『정통신앙』 II.30.

느님께서 인간에게 주신 것이며, 인간이 자유를 잘 보존하는 한, 이것으로써 인간은 타락과 죽음을 피할 수 있다.59) 또한 성 그레고리오 팔라마스는 인간의 선택에 좌우되는 불멸성과 죽음, 부패하지 않음과 타락을 강조하였는데60), 그것은 인간을 자유롭게 창조하신 하느님께서는 인간이 무엇을 할지, 무엇이 될지 선택하는 것을 방해할 수 없으셨기 때문이다.61)

질병의 초기 원인: 죄의 기원

교부들의 가르침에 의하면, 우리는 질병62)과 허약함, 고통63), 타락64) 그리고 죽음65)과 함께, 현재에도 인간 본성을 - 인간의 개

---

59) 다음 문헌들을 참조하라. 『강론집』 XXXI; PG 151.388D; 『강론집』 LVII; Oikonomos의 편집본 p.213;『신학적 그리고 윤리적 장들』 51.
60) 다음 문헌들을 참조하라. 『강론집』 XXXI; PG 151.388D; XXIX; PG 151.369C; 성 요한 크리소스토모의『창세기에 관한 강론』
61) 『강론집』 XXXI; PG 151.388D
62) 다음 문헌들을 참조하라. 성 이레네오의『이단자를 거슬러』 V.15.2; 니사의 성 그레고리오의『영혼과 부활에 관하여』; PG 46.149A; 성 요한 크리소스토모의『창세기에 대한 강론집』 XVII.7.
63) 다음 문헌들을 참조하라. 성 막시모의『Thalassios에게』 61;PG90.628BC, 629D, 632B;『신학과 경제학에 관한 장』 18; 다마스코스의 성 요한의『정통신앙』 III.30; 성 그레고리오 팔라마스의『수녀 Xenia에게』; PG 150. 1048C.
64) 다음 문헌들을 참조하라. 성 아타나시오의『말씀의 육화에 관하여』 III.4-5; IV.4; V.1-3; 니사의 성 그레고리오의『인간창조에 관하여』 XX; PG 44.200C; 증거자 성 막시모의『주님의 기도 주석』; PG 90.904C;『탈라시오에게』 61, PG90. 636A;『모호한 것들』 10,PG 91. 1156D;『편지』 X, PG 91. 449B; 다마스코스의 성 요한의『정통신앙』 II. 30; III.1; 성 그레고리오 팔라마스의『수녀 Xenia에게』; PG150.1048C.
65) 다음 문헌들을 참조하라. 로마 5,12;『디오제네테스에게』 XII.2; 성 유스티노의『대화』 124; 성 이레네오의『이단자를 거슬러』 IV.38.4; 성 아타나시오의『말씀의 육화에 관하여』 III.4-5; IV.4;V.1-3; 성 바실리오의「강론: 하느님은 악의 원

인적 의지 안에 있고, 인간이 잘못 사용한 자유의지66)가 들어 있으며, 낙원에서 범한 죄 속에 들어 있는 – 괴롭히는 다른 모든 악들의 원천에 대해서 알아볼 필요가 있다. 증거자 성 막시모가 주장한 대로, "아담이 선택에 관한 자유를 잘못 사용했기 때문에 벌 받게 되고, 타락하기 쉽고, 죽게 될 인간이 만들어졌다."67) 안티오키아의 성 테오필로가 말하듯이, "그 첫 피조물 때문에 불순종은 낙원에서부터 추방되었다. […] 그의 불순종 안에서 인간은 피로와 고통과 근심을 얻게 되었으며, 결국은 죽음의 세력에 떨어졌다."68) 성 이레네오는 "질병이 인류를 괴롭히는 것은 바로 이 불순종의 죄 때문"69)이라고 단언했다. 이와 비슷하게, 성 닐소르스키는 "아담이 계명을 어기고 나서 질병의 지배를 받게 되었다."70)고 말했다. 성 그레고리오 팔라마스는 이와 같은 생각을 더 명확하게 발전시켜 이렇게 말했다. "어디에서 우리의 허약함, 질병, 죽음을 불러일으키는 그 밖의 다른 악을 얻는가? 어디에서

천이 아니시다』 7; 니사의 성 그레고리오의 『교리교육적 담화』 VIII.4; 『인간의 창조에 관하여』 ⅩⅩ, PG44.200C; 『동정성에 관하여』 XII.2; 『영혼과 부활에 관하여』, PG46.149A; 성요한 크리소스토모의 『창세기에 관한 강론집』 XVII.7; 성 막시모의 『모호한 것들』 7; 10, PG 91. 1093A; 1156D; 『탈라시오에게』 61,PG90. 629B D, 632B, 633BC, 636B; 다마스코스의 성 요한의 『정통신앙』 II.30; III.1; 성 그레고리오 팔라마스의 『수녀 Xenia에게』; PG150.1048BC; 『신학과 윤리학적 장들』 46, 50, 51;『강론집』 XI, PG151.125A.

66) 예컨대 다음 문헌들을 참조하라. 성 요한 크리소스토모의 『창세기에 관한 강론집』 XVI.1.5, 6; XVII.7. 니사의 성 그레고리오의 『교리교육적 담화』 V.11, VII.1; 『인간 창조에 관하여』 ⅩⅩ,PG 44.201A; 『동정성에 관하여』 XII.2; 성 막시모의 『탈라시오에게』 42, PG90.408BC; 『편지』 Ⅹ, PG 91.449B; 다마스코스의 성 요한의 『정통신앙』 III.1.
67) 『탈라시오에게』 42, PG 90. 408B.
68) 『Autolycus에게』 II. 25
69) 『이단을 반대하며』 V.15.2.
70) 『규칙』 VII.

죽음이 오는가? 우리의 불순종에서 하느님의 계명에 이르는 하느님께서 우리에게 주신 지침의 위반으로부터 온, 하느님의 낙원에서의 최초의 죄에서부터 온, 이런 질병과 허약함과 모든 종류의 고난들의 부담은 모두 죄의 결과물이다. 사실, 죄 때문에 우리는 아픈 몸을 가지게 되었다. 죽을 존재이며 고통에 시달리는 우리는 이런 덧없고 영구적이지 않은 세상을 경험하며, 많은 재앙과 무수한 악들에 좌우되는 삶을 살도록 선고를 받았다. 그 결과로서 질병은 죄가 인간을 끌고 갔던 짧고 성가신 내리막길과 같다. 그리고 이 길의 종말이며 마지막 한계는 죽음이다."[71]

"하느님처럼 된다"(창세 3,5)는, 다시 말해서 야훼 하느님을 제쳐놓고서 신이 된다는[72] 악마의 제안을 따르기로 함으로써(창세 3,5), 아담과 하와는 자신들의 은총을 스스로 박탈해 버렸다. 그리고 그 순간부터 그들은 어느 면에서 자신들에게 초자연적인 지위를 주었을지도 모르는 특성을 잃었다.[73] 성 아타나시오는 이렇게 주장한다. "계명의 위반 때문에 그들은 다시 본래의 상태로[74], 즉 자신

---

71) 『강론집』 XXXI, PG 151.388BC. 같은 가르침이 성 요한 크리소스토모의 『은총 지위에 관한 강론』 XI.2와 안티오키아의 성 테오필로의 『Autolycus에게』 II.25에도 나타난다.
72) 많은 교부들에 의하면 원죄는 자기-숭배에 이르는 인간의 시도를 포함한다. 예컨대 성 요한 크리소스토모의 『법규들에 대한 강론집』 XI.2; 성 이레네오의 『이단자를 거슬러』 V.3.1; 다마스코스의 성 요한의 『정통신앙』 II.30; 신신학자 성 시메온의 「윤리학적 논문」 XIII.60을 보라. 동방교부들만이 인간은 신이 될 운명이었다고 주장한다(보라. J. Gross, 『La Divinisation du chrétien d'après les Pères grecs, Paris 1938), 그러나 이런 신격화는 하느님에게서만 생기며 그분에 의해서만 생긴다.
73) 다음 문헌들을 참조하라. 니사의 성 그레고리오의 『교리교육적 담화』 V. 11; 다마스코스의 성 요한의 『정통신앙』 II.30; 성 요한 크리소스토모의 『창세기에 관한 강론집』 XVI.4; 성 그레고리오 팔라마스의 『신학과 윤리학적 장들』 46, 48, 66.
74) 『말씀의 육화에 관하여』 IV.4.

들이 만들어진 흙의 먼지로[75] 돌아가게 되었다"(창세 2,7). 이것은 야훼 하느님께서 아담에게 말씀하신 대로였다. "너는 흙에서 나왔으니 흙으로 돌아갈 것이다. 너는 먼지이니 먼지로 돌아가리라"(창세 3,19). 아담과 하와가 자신들의 죄의 결과로 감당했던 악은 자신들을 신적 속성에 참여할 수 있게 해주신 하느님을 의도적으로 거부한 데 대한 자연적인 결과였다. 이렇게 그들은 하느님으로부터 떨어져 나감으로써 인간적 본성이 모든 종류의 악을 당하게 했다.[76] 니사의 성 그레고리오는 이렇게 기록했다. "이런 하느님께 대한 거부가 일단 한번 이루어지자 모든 형태의 악이 나타났다. 다시 말해 생명을 물리쳤다는 사실 때문에 인간은 죽음을 향하게 되었다. 그리고 빛을 박탈함으로써 어둠 속으로 떨어졌다. 덕의 결핍이 생기자, 악이 그의 삶에 나타났다. 그래서 선에 관한 모든 형태가 하나씩 하나씩 반대적인 악으로 대체되었다."[77] 성 그레고리오는 이 말도 기록하였다. "원수는 속임수를 써서 악을 인간의 자유의지에 섞어 넣어 신적인 축복을 감쪽같이 제거하고 희미하게 만들어 버렸다. 하느님의 축복이 결핍되자, 축복과는 아주 반대되는 것들이 애초의 축복의 자리에 나타났다. 그래서 죽음이 생명에 대항하고, 나약함이 강함에 대적하게 되었다."[78]

---

75) 참조, 위의 책, 5.
76) 그리스 교부들 대다수의 의견에 따라서 우선 악은 사탄들이나 인간의 개인적 의지를 통해서 단순히 존재한다. 그리고 단순히 선이 없기 때문에 긍정적인 본질은 없다는 것을 상기하라. 이런 주제에 관하여 아레오파고스의 재판관인 Dionysius의 『신적인 이름들』 VIII.19를 보라.
77) 『교리교육적 담화』 VIII.19.
78) 위의 책. V.11. 또한 다음 문헌들을 참조하라. 성 바실리오의 「강론: 하느님은 악의 원인이 아니시다」 7("죽음은 죄의 필수적 결과이다; 사람은 하느님이신 생명에서 멀리 떨어져 있는 만큼 죽음 가까이 이끌린다. 죽음은 생명이 없는 것이다.; 자신을 하느님에게서 멀리함으로써, 아담은 자신을 죽음에 노출시

이런 악은 우선적으로 인간의 모든 영혼을 침범하고 나서 징벌과 슬픔과 고통을 당하게 했다. 인간 영혼은 타락하게 되고 죽음에 종속되게 되었으며, 사실상 하느님으로부터 떨어져나가게 되었고, 신적인 생명을 박탈당하게 되었다.[79] 그런 다음 영혼은 이런 악을 인간의 몸에 물려주었다. 이런 이중적 죽음, 즉 영적이며 신체적인 죽음은[80], 성 아타나시오에 의하면, 공식과도 같은 주장인 창세기에 나타나며, 여기서는 이런 죽음이 아담과 하와에게 "[선과 악을 알게 하는 나무를] 네가 따 먹는 날, 너는 반드시 죽을 것이다."(문자적으로는, "너는 죽음 때문에 죽을 것이다. you will die of death")경고하시는(창세 2,17) 하느님 때문이라고 간주한다.[81] 성 그레고리오 팔라마스도 같은 어조로 기록했다. "범죄로 인해서 영혼 안으로 들어온 죽음은 영혼 자체를 타락시킬 뿐만 아니라, 육체를 고통과 걱정으로 괴롭힌다. 또한 육신을 타락하게 만들며 결국은 죽음의 지배를 받게 만든다. 그래서 범죄를 통하여 인간의 내면에 죽음이 들어온 이후로, 이 세상의 아담은 '너는 먼지

컸다."); 성 막시모의 『모호한 것들』 10; PG 91. 1156D("첫 인간은 [생명의 말씀으로] 자신을 양육하기를 거절했기 때문에 불가피하게도 신적 생명에서 자신을 멀리 떼어 놓았다. 그리고 다른 종류의 생명으로 돌아가서, 말씀이 없기 때문에 죽음이 생기는 존재가 되었다.")

79) 다음 문헌들을 참조하라. 성 요한 크리소스토모의 『은총 지위에 관한 강론집』 XI.2; 성 그레고리오 팔라마스의 『Xenia 수녀에게』, PG 150. 1048C, 『강론집』 XI, PG 151,125A. 이 영적인 죽음을 성 그레고리오 팔라마스는 하느님으로부터의 영혼의 분리라고 정의했다(반면에 육신적 죽음은 몸으로부터의 영혼의 분리이다). 이 영적인 죽음은 그 상대물인 육신보다 훨씬 중요하며 진정한 죽음을 성립시킨다(『Xenia 수녀에게』에서 대목 인용).

80) 이 이중적인 죽음은 성 바오로가 로마 5,12에서 "한 사람을 통하여 죄가 세상에 들어왔고 죄를 통하여 죽음이 들어왔습니다."라고, 그리고 1코린 15,21에서 "죽음이 한 사람을 통하여 왔습니다."라고 확언한 것처럼 상상적인 것이 분명하다.

81) 『말씀의 강생에 관하여』 III.5.

이니 먼지로 돌아가리라.'(창세 3,19)라는 말씀을 듣게 된다."[82]

그래서 하느님께 순응하기 위하여 아담의 범죄가 중지된 후에도, 전체적인 인간의 본질은 "타락으로 인해 병에 쓰러지게" 되었다.[83] 이 타락은 내재적 은총[84] 덕분에 태초부터 가지고 있었던 특별한 상태를 잃게 했다. 그리고 결과로서 "지옥 같은 상태"[85]에 떨어지게 되었다. 성 아타나시오는 다음과 같이 기록하였다. "사람들은 더 이상 자기들의 이전의 상태로 돌아갈 수 없게 되었다."[86] 사람의 초기 실존 양상이 사람을 천사적 상태로 이끌었지만, 그의 새로운 조건은 도리어 하나의 동물 같은 실존으로 이끌게 되었다.[87] 그의 몸은 물질이라는 차원[88]으로서, 무게[89]와 함께 그 초기에는 몰랐던 불투명성[90]이란 것을 얻게 되었다. 그래서 감각적인 동물의 생활 속으로 흘러들어가게 되었다. 그리고 이후부터는 행동, 불안정성과 함께 다른 자연적 존재가 알고 있는 그런 부분

---

82) 『Xenia 수녀에게』, PG 150.1048C; 참조. 『신학적 그리고 윤리적 장들』 51.
83) 알렉산드리아의 성 치릴로의 『로마서에 관한 주석』, PG 74,789B.
84) 육체적 죽음과 영적인 죽음 사이의 거룩한 전승은 원인과 결과 사이의 연결을 주장한다 - 어떤 연결은 직접적으로 그리고 순수 자연적 수준에서 상상할 때 거의 이해할 수 없다 - 그 연결은 은총을 묵상하는 빛 안에서 명료해진다. 즉 영적인 죽음은 타락하지 않고 불멸성을 가지는 몸에 수여한 그 은총을 잃어버린다는 것을 의미한다.
85) 니사의 성 그레고리오, 『교리교육적 담화』 V.11.
86) 『말씀의 강생에 관하여』 IV.4.
87) 참조. 성 막시모의 『모호한 것들』 42; PG 91.1348A; 니사의 성 그레고리오, 『영혼과 부활에 관하여』; PG 46.148C. 이 마지막 구절에 관해서는 J. Daniélou, 신비신학과 플라톤사상, pp. 56-59를 보라.
88) 성 막시모의 『모호한 것들』 45; PG 91.1353B를 참조하라.
89) 다마스코스의 성 요한, 『정통 신앙』 III. 1; 성 막시모의 『모호한 것들』 45; PG 91. 1353B를 참조하라.
90) 다마스코스의 성 요한의 『정통 신앙』 II.30을 참조하고, 또한 V. Lossky의 동방교회의 신비신학(New York: SVS Press, 1991), pp. 132-133; '교의신학', p.227을 보라.

에 종속되게 되었다. 그리고 이전의 은총 덕분으로 이런 동물적인 생활들로부터는 여전히 자유로울 수 있게 되었다. 이런 새로운 실존의 조건은 창세기에 '가죽 옷'(3,21)[91])이라는 표현으로 나타난다. 가죽 옷이라는 것은 인간 생명의 물질성, 동물성 그리고 죽게 되는 국면과 함께 이런 조건이 사람의 실제 본성에 추가된다는 사실을 상징한다.[92]) 아담의 초기 노출상태를 환기시키는 나지안조의 성 그레고리오(St Gregory of Nazianzus)의 구절을 설명하면서, 성 막시모는 이렇게 기록하였다. "나는 우리의 조상 아담이 죄에 떨어지기 전의 인간의 몸의 성질과 현재 우리를 속박하고 있는 것 사이에 있는 차이는 바로 이것이라고 여긴다. […] 태초에 사람은 자신의 인간 조건에서 상호간에 상처를 주는 반대적 성질들 때문에 분열되지 않았다. 아니, 인간은 이런 성질의 태도에서 자유로웠다. 그것은 마치 사람이 은총에 의해서 계속 타락하지 않는 것과 같으며, 그런 반대 성질들이 찌르는 고통 없이 전적으로 다른 성질을 가지고 있으면서도 자신의 몸과 조화를 이루고 단순성과 평화라는 특성을 나타내고 있었다. 그 첫 인간은 벌거벗고 있었지만, 그렇다고 살도 몸체도 가지고 있지 않은 감각에서 산 것이 아니라 오히려 살이 죽게 되고 딱딱하게 되는, 그런 훨씬 물질적인 성질로부터 자유로웠다는 것이다."[93])

사람에게 해로움을 끼치는 그 '대단히 험악한 질병'은 인간을

---

91) V. Lossky는 아래와 같이 적고 있다. "가죽 옷은 우리의 현재 본성, 우리의 공통적인 생물학적 상태를 나타내는데, 낙원의 투명한 육체성과는 아주 다른 것이다." 유럽에서의 러시아인 총대주교의 관할 구역에 관한 메시지에 관한 그의 '교의신학' 48,1964, p.231을 보라.
92) 니사의 성 그레고리오의 『영혼과 부활에 관하여』, PG 46.148C-149A를 참조하라.
93) 『모호한 것들』 45; PG 91.1353AB.

통하여 전 우주에 이른다.94) 성 막시모는 이렇게 설명한다. "인간은 자신의 창조주이신 하느님의 은총에 의해 전 세계의 주인으로서 처신하라는 부르심을 받았음에도 불구하고 자연을 거스르는 행동을 함으로써 이 부르심을 잘못 사용했다. 그래서 그는 자연을 경험했으며 - 전체로서의 우주를 경험하게 되었다. - 이런 변화는 현재 자연 상태의 특징을 나타내는 이전의 나쁜 것들 때문에 생긴 변화이다."95)

하느님은 세상을 "좋게"(창세 1,31) 창조하셨다. 그러나 그것을 보존하는 것은 사람에게 맡겨진 책임이었다. 하느님은 사람을 대우주 속에 있는 소우주로 창조하셨다.96) 그래서 사람은 모든 창조된 존재를 요약하는 존재가 될 수 있었다.97) 하느님은 사람을 모든 창조의 정점으로 만드셔서(창세 1,28-30 참조) 모든 피조물들을 지배할 수 있는 힘을 주셨다.98) 하느님은 사람을 하느님 자신과 하느님의 피조물들 사이의 중재자로 만드셨다.99) 그래서 사람에게 성령에게서 받은 은총에 참여하여, 창조된 존재들을 하느님과 일치시켜서 완전성으로 인도하라는 임무를 주셨다.100) 성 막시모에 의하면, 사람의 첫 번째 사명은 낙원과 땅의 나머지 부분

---

94) 다마스코스의 성 요한의 『정통신앙』 II.30을 참조하라, 그리고 V. Lossky의 『동방교회의 신비신학』(New York: SVS Press, 1991), pp.132-133; '교의 신학', p.227을 보라.
95) 『편지』 X, PG 91.449B.
96) 다마스코스의 성 요한의 『정통신앙』 II.12; 성 막시모의 『비법 전수론』 VII.을 참조하라.
97) 성 그레고리오 팔라마스의 『강론집』 LIII.
98) 니사의 성 그레고리오의 『사람의 창조에 관하여』 IV; PG44.136C; 『교리교육적 담화』 VI.10을 참조하라.
99) 성 막시모의 『모호한 것들』 41; PG 91.1305A-C; 다마스코스의 성 요한의 『정통신앙』 II.30 참조하라
100) 성 막시모의 『모호한 것들』 41; PG 91.1305A-C를 보라.

을 결합시키는 것이었다. 그래서 창조된 모든 다른 존재들이 낙원의 상태에 참여할 수 있게 하는 것이었다.[101] 그래서 아담이 하느님과 일치해 있음으로써 특전으로 받은 자신의 본질에 속하는 평화와 조화와 질서에 다른 피조물들도 참여할 수 있도록 하는 것이었다. 또한 이것은 아담이 은총으로 받은 결백성과 불사불멸성을 포함하는 것이었다.[102]

그러나 한번 아담이 하느님에게서 쫓겨나자, 자연은 더 이상 그에게 복종하지 않았다. 아담의 죄 이후에, 무질서는 사람 내부에서 그렇게 했던 것처럼 피조물들 사이에 자리를 잡았다. "땅은 너 때문에 저주를 받으리라"(창세 3,17). 이렇게 하느님은 사람의 죄가 불러일으킨 우주적 재앙을 알리면서 사람에게 포고하셨다. 창조된 조물들의 특징을 자연스럽게 나타내는 구별과 분리가 이제는 반대와 분열이 되었다. 사람은 이제 자신의 보호를(창세 3,7 참조)[103] 구성하던 은총을 빼앗기고 자연 위에 군림하던 힘을 잃어버리고 나서는, 자연의 얼굴에 대해 나약해졌고 그 자연의 부정적 효과에 예속되게 되었다.

불행은 악마처럼 훨씬 빠르고 능동적으로 모든 것을 퍼뜨렸다. 아담은 악마에게 복종했으며 사람 위에 서려 있던 능력을 강탈했고, 하느님께서 아담을 다른 피조물의 주인으로 만드시면서 수여하셨던 특전을 빼앗아 갔다. 자연에 대한 지배권에 관해서는 '이 세상의 왕자'가 '창조의 왕'을 대신하게 되었다. 그래서 질병이 아담의 죄의 결과로서 나타났다. 또한 질병은 아담의 죄가 낳은

---

[101] 위의 책, 1305 D를 보라
[102] 그래서 성 막시모는 창조의 궁극적 목표로서 모든 피조물의 신성함에 대해서 말하였다.
[103] 성 요한 크리소스토모의 『창세기에 관한 강론집』 XVI.5 참조.

악의 형태이며 그 결과였다. 질병은 증가하고, 자라났고, 널리 퍼져나갔으며, 강화되었다. 때때로 병은 '어둠의 힘과 악의', 사탄과 악령들에 의해서 '구체화'되었다. 그래서 이 악마는 질병의 중대한 근원의 하나가 되었다. 종종 이 악마는 질병이라는 방법으로 직접적으로 자신을 드러냈다. 그러나 때때로 악마들은 매개물 없이 직접적으로 나타났는데, 그것은 하느님으로 채워져야 할 사람 안의 공간을 이들이 차지하는 경우이다.104) 인간의 구원을 전 우주적인 인간을 통하여105) 생각하시는 하느님께서는 악마의 위세가 당신의 창조를 파괴하고 몰락시키는 것을 허락하지 않으신다. 사람과 자연계는 하느님의 섭리에 의해서 부분적으로 보호되고 있는데, 이 섭리는 사탄과 그의 악령들의 부정적인 활동상에 어떤 한계를 부과하는 것이다.106) 그래서 하느님께서는 무를 향해 미끄러져 가는 우주를 고정시키시면서 무질서의 한 가운데에 확실한 질서를 확립하신다.107) 비록 인간이 전에 얻었던 하느님과의 '유사함'을 잃었다 하더라도, 그리고 비록 저 모상성이 가려져 있고 뚜렷하지 않으며 불구상태라 하더라도, 그는 신적인 '모상'의 지참인 자격은 유지한다.108) 그래서 사람은 총체적으로 은총

---

104) 어떤 질병에 관한 악마적 병인학은 성서가 확언한다. 즉 욥기의 서문(2,6-7)에 명확하게 나오며, 사도 베드로의 말씀에 아래와 같이 함축적으로 나온다. "하느님께서 나자렛 출신 예수님께 성령과 힘을 부어 주신 일도 알고 있습니다. 이 예수님께서 두루 다니시며 좋은 일을 하시고 악마에게 짓눌리는 이들을 모두 고쳐 주셨습니다. 하느님께서 그분과 함께 계셨기 때문입니다"(사도 10,38).
105) 성 막시모의 『탈라시오에게』 60; 참조. PG 90.621AB.
106) 이것은 욥기의 머리글에 분명하게 나타난다.
107) V. Lossky의 '교의신학', p.27
108) 다음 문헌들을 참조하라. 성 그레고리오 팔라마스의 『신학적 그리고 윤리적 장들』 39; PG151.1148B. 오리게네스(Origen)의 『창세기에 관한 강론집』 XIII.4; 성 요한 크리소스토모의 『Theodore에게 보내는 훈계』 I.3.

을 박탈당한 것이 아니다. 비록 약한 상태에 있지만, 인간에게는 자기가 원하면 하느님 쪽으로 다시 돌아설 수 있고 하느님으로부터 지속적으로 받고 있는 계명에 복종할 수 있는 영적인 힘이 충분히 남아 있다(신명 30,11-19). 그래서 인간은 하느님의 약속에 따라서 자연계를 다스릴 수 있는 확실한 지배력을 유지할 수 있는 것이다(창세 9,1-2).

그런데도 이 새로운 균형은 깨어지기 쉽다. 사람과 자연계는 악과 선, 죽음과 생명이 서로를 향해 영구적이고 무자비한 전투를 벌이는 전쟁터를 이루고 있다. 이 전투는 질병, 허약 그리고 고통으로 명백하게 나타난다. 그리고 그리스도의 강생 전까지는 그 전투의 결과가 불확실했다.

자신을 괴롭히는 질병에 대해서 사람은 책임이 있는가?

그러면 우리는 질병과 죄 사이의 관계에 대한 질문과 우리를 괴롭히는 질병의 출현과 발달에 대한 인간의 책임에 대한 질문에 어떻게 대답을 해야 하는가? 여지껏 우리가 말해 온 것은, 이런 관계와 이런 책임이 인간 창조의 시초부터 분명하게 나타난다는 것이다. 왜냐하면 질병은 – 심지어는 악마적 활동 안에서도 그 책임은 질병을 통하여 분명해지는데 – 아담과 하와의 개인적 죄의 직접적 결과이기 때문이다. 교부들도 종종 질병에 관해서 묘사하였는데, 질병이란 다른 악마와 더불어 벌로서, 원죄의 결과로서 생긴 것이라는 것이다.

그러나 벌에 대한 개념이 복수심 있고 잔인한 하느님이 인간에게 가하시는 벌이라는 의미로 이해되어서는 안 된다. 인간은 죄를 지음으로써 스스로 벌을 낳았다. "함정을 깊숙이 파 놓고서는 제가 만든 구렁에 빠진다. 제가 꾸민 재앙이 제 머리 위로 되돌아오고 제가 휘두른 폭행이 제 정수리로 떨어진다."고 시편 저자는 선언한다(시편 7,16-17). "우리 각자는 의도적으로 죄를 지을 때 벌을 선택하는 것이다."라고 알렉산드리아의 클레멘스는[109] 기록한다. 또한 그는 플라톤의 구절을 지지하며, 후에 그의 말을 다음과 같이 인용한다. 즉 "죄는 그가 선택한 그의 과오이다. 그리고 하느님은 그것에 책임이 없으시다."[110] 성 이레네오는 같은 맥락에서 다음과 같이 인용한다. "하느님은 당신에게서 갈라져 나간 모든 사람들에게 그들이 선택한 분열의 고통을 부과하신다. 그래서 이제 하느님에게서 갈라진다는 것은 곧 죽음이 된다. 그리고 빛으로부터 분리되는 것은 곧 어둠이 되며, 하느님으로부터의 이별은 하느님으로부터 온 모든 좋은 것들을 상실함을 의미한다. 그러므로 배교로 이 모든 것을 잃어버린 이들은 자신을 스스로 모든 종류의 벌에 빠뜨리는 것이다. 하느님께서 먼저 그들을 벌하시는 것이 아니라, 오히려 그들이 모든 좋은 것을 빼앗기면서 벌이 뒤따르는 것이다."[111] 하느님께서 우리 첫 부모들에게 그들의 범죄가 야기할 악에 대해서 자세히 말씀하실 때(창세 3,16-19), 그분은 그 악들을 만드신 것이 아니다. 하느님은 단지 그 악을 예언하시고 말로 묘사하신 것이다.

아담은 자신이 인간 본성의 '뿌리'이며[112] 모든 인간 존재의

---

109) 『교육학』 I, VIII.69.1.
110) 『공화국』 X.617e.
111) 『이단자들을 거슬러』 V.27.2; 참조. 28.1.
112) 은수자 성 마르코의 『(그리스도의 신성과 인성의) 위격적 결합에 관하여』

원리원칙들을 구현하는 모범이기 때문에113) 자신의 후손들 모두에게 자신의 상태를 유전시킨다.114) 그래서 죽음, 타락, 질병과 고통은 전 인간 종족의 유산이 된다.

이런 발생이 생물학적으로 대대로 끊임없이 되풀이되기 때문에115) 첫 인간에 의해서 출생하는 모든 사람들은 아담이 죄에 떨어진 성질을 상속받는데, 그것은 아담의 죄의 결과로 표시된 질병과 허약함이다.116) 니사의 성 그레고리오는 다음과 같이 설명한다. "그것은 마치 인간 피조물이 자신들의 범죄 초기에 죄를 반기고 질병으로 안내했듯이,117) 악을 엮어서 우리의 실체를 만든 것과 같은 것이다. 자연은 자신의 유산을 자기 자손들에게 전달함으로써 모든 동물의 종이 스스로 영속하기를 바란다. […] 같은 식으로, 인간은 인간에게서 태어나고, 그 태어난 존재 안에서 인간은 인간적인 결함을 겪는다."118)

이런 상태는 모든 사람들에게 영향을 끼친다. 비록 그들 자신이 개인적으로는 범죄하지 않았다 하더라도 말이다. 이에 대해서 사도 성 바오로는 다음과 같이 말한다. "한 사람의 범죄로 모든 사

18; 성 그레고리오 팔라마스의 『강론집』 V; PG151.64-65.
113) 다음 문헌들을 참조하라. 니사의 성 그레고리오의 『인간 창조에 관하여』 XVI185B; XXII204CD; 성 그레고리오 팔라마스의 『강론집』 V; PG 151.64-65.
114) 성 막시모의 『모호한 것들』 10.1156D; 『탈라시오에게』 61; PG90.628C, 632ABD, 633BC, 636AB.
115) 다음 문헌들을 참조하라. 치루스의 테오도레투스(Theodoret of Cyrus)의 『로마서 주석』; PG82.1245A. 성 막시모의 『탈라시오에게』 21; PG 90.312C-313A; 61.628C, 632ABD; 다마스코스의 성 요한의 『정통신앙』 II.30; 성 그레고리오 팔라마스의 『강론집』 V; PG 151.64B.
116) 성 막시모, 위의 책 참조
117) 이 용어는 여기서 일반적 의미로 사용되었다.
118) 『참행복에 관한 강론집』 VI.5; 참조. 성 막시모의 『탈라시오에게』 61.632A; 성 그레고리오 팔라마스의 『강론집』 XLIII ; LIV.

I. 질병의 기원 · 47

람이 유죄 판결을 받았습니다."(로마 5,18), "한 사람의 범죄로 많은 사람이 죽었습니다."(로마 5,15), "아담의 범죄와 같은 방식으로 죄를 짓지 않은 자들까지도 죽음이 지배하였습니다"(로마 5,14). 또한 성 바오로는 다음과 같이 덧붙인다. "한 사람의 불순종으로 많은 이가 죄인이 되었습니다"(로마 5,19). 이는, 동방교회 교부들에 따르면, 사람들이 아담의 죄를 물려받은 것이 아니라, 오히려 그 죄의 결과를 물려받았음을 의미한다.119) 성 요한 크리소스토모는 이런 구절을 언급한다. "사도들은 한 사람의 불순종 때문에 많은 사람들이 죄인들이 되었다고 확언한다. 죄를 짓고 죽을 운명이 된 그 한 사람이 저 죽을 운명을 자기 후손들에게 전해준다는 것은 전혀 있음직하지 않은 것이 아니다. 그렇지만 한 사람이 다른 사람의 불순종 때문에 죄인이 되어야 한다는 것이 말이 되는가? 한 개인의 죄 이외의 다른 어떤 것 때문에 벌을 받아야 할 사람은 아무도 없다. 여기서 '죄인들'이라는 말은 무엇을 의미하는가? 나는 그것을 이렇게 말할 것이다. '벌을 받아야 하고 죽음의 선고를 받은 (자)'를 의미한다고."120) 알렉산드리아의 성 치릴로는

---

119) 우리는 '동방 교회 교부들'이라고 명기한다. 그것은 사상의 서방쪽 계열 때문인데, 이것은 성 아우구스티노의 사상이 그 원천이다. 아담의 죄 자체 혹은 적어도 아담의 죄의식의 유전적 성격을 주장하는 관점에서 의견이 갈라진다. 이런 불일치에 관하여 다음 문헌들을 보라. J. Meyendorff, "Eph' ō (로마 5,12) chez Cyrille d'Aexandrie et Théodoret"; 『교부학』 Ⅳ(1961), pp.157-161; 그의 『비잔틴 신학』(New York: Fordham Univ. Press, 1974), pp143-146. 또한 S. Lyonnet의 연구들, "Le sens de Eph' ō en RomⅤ, 12 l'exégèse des Pères grecs,"; 『성서학』 36(1955), pp.436-456; "Le péché originel et l'exégèse de Rom Ⅴ,12-14,"; 『Recher- ches de science religieuse』 44(1956), pp.63-84; "Peche originel," 『Dictionnaire de la Bible』, Supplément 7(1966), cols. 509-567을 보라.
120) 『로마서에 대한 강론집』 X.2-3. 성 요한 크리소스토모는 더 언급하기를(위의 책.,1), "아담은 금지된 과일을 먹음으로써, 그의 후손들의 죽음의 원인이

같은 생각을 이렇게 표현하였다. "자연은 한 사람 아담의 불순종을 통한 죄 때문에 병이 들었다. 그래서 많은 인간 존재들은 죄인들이 되었다. 그들이 아담의 죄를 나눠가졌기 때문은 아니다 – 그들은 아직 존재하지도 않았다. 하지만 그들이 과거에 죄의 법에 떨어진 아담의 본성을 나눠가졌기 때문이다."[121]

이런 전망에서, 인간 존재를 괴롭히는 질병은 그들 자신의 개인적 죄 때문에 나타나는 것이 아니라, 그들이 자기들의 첫 아버지인 아담이 범죄한 인간 본성을 공유한 사실 때문에 나타나는 것이다. 결과적으로, 성서의 여러 구절들은 한 개인의 질병이나 허약함과 어떤 특이한 죄와 함께, 그 아픈 당사자나 본인과 직접 관련 있는 선조들이 이미 지었을지도 모르는 죄들 사이의 '선험적' 연결은 없다고 설명한다. 먼저 요한복음 9,1-3의 눈먼 사람에 관한 에피소드를 생각해보라. 예수의 제자는 "스승님, 누가 죄를 지었기에 저이가 눈먼 사람으로 태어났습니까? 저 사람입니까, 그의 부모입니까?"라고 묻는다. 이에 대해 예수님은 다음과 같이 명확히 대답하신다. "저 사람이 죄를 지은 것도 아니고 그 부모가 죄를 지은 것도 아니다." 그 다음에, 중풍병 환자에 관한 이야기가 있다(마태 9,1-6, 마르 2,1-2, 루카 5,17-26). 그리스도께서 먼저 그에게 "너는 죄를 용서받았다."라고 말씀하신다. 그런 다음 예수는 두 번째 기적으로 그의 중풍병을 치유하시며 명하신다. "일어나 네

되었다. 비록 그 후손들이 그 나무의 과일을 먹지 않았다 하더라도."; "한 사람이 다른 이들을 위해서 벌을 받아야한다는 것은 절대로 있을 수 없는 일이다."

121) 『로마서에 대한 주해서』; PG 74.789. 우리는 불가리아의 성 테오필락트(Theophylact)의 『로마서에 대한 주해서』, PG124.404C에서 이와 비슷한 주석을 발견한다.

평상을 가지고 집으로 돌아가거라." 만약 그의 신체적 불구가 그의 죄의 결과였다면, 그 사람이 육체적 질병에서 치유되고 동시에 예수님의 두 번째 개입 없이도 자신의 영혼의 치유를 얻기 위해서는 그리스도께서 그의 죄를 단순히 용서하시는 것으로 충분했을 것이다.

마지막으로 유념해야 할 것은, 사도 성 야고보가 어떤 사람이 아플 때는 교회의 어른들이 그 사람에게 안수하고 기름을 발라주라는 권고를 아래와 같이 명문화하였다는 점이다. "믿음의 기도가 그 아픈 사람을 구원하고, 주님께서는 그를 일으켜 주실 것입니다. 또 그가 죄를 지었으면 용서를 받을 것입니다"(야고 5,14-15). 성 야고보는 이런 조건에 해당하는 말씀을 인용하면서 다음과 같이 가르쳤다. 환자의 질병과 그가 전에 지었을지도 모르는 죄 사이의 연관성은 필연적인 것이 아니다. 이것에 덧붙여, 우리는 또한 심각한 질병으로 괴로워하며 격렬한 육체적 고통을 겪는 의인에 관해서 묘사하는 구약성서의 어떤 구절을 인용할 수도 있다. 물론, 가장 주목할 만한 것은 욥의 경우이다.

그러나 아담이 인간 본성의 타락의 기원이라는 사실이 모든 인간의 현재 상태에 그만 홀로 책임이 있다는 것을 의미하지는 않는다.[122] 모든 사람들은 실제로 자기들이 아담을 모방한 정도에

---

[122] 아담의 책임은 무엇보다도 먼저 자신의 죄와 자기 삶에 나타난 결과이다. 그의 후손들에게 영향을 미치는 결과들은 아담이 인간성과 생산방식의 모범이라는 사실에서 생긴다. 이런 생산방식에 의해서 인간성은 스스로를 죄의 결과로서 영속시킨다. 이런 전망에서, 아담의 고통을 후손들에게 전달하는 것은 본성이라는 사실로 여겨진다. 이 본성은 그의 개인적 의지로부터 두 번째로만 생기는 것이다. 교부들의 시각에서, 두개의 다른 생각이 아담의 책임을 희석한다. 즉 첫째, 아담이 창조된 상태는 미숙하고 경험이 없는 상태이다(참조. 성 그레고리오 팔라마스의 『신학과 윤리학적 장들』 55); 둘째, 악마가 한 역

따라 그 책임을 진다. 그것은 아담의 후손들이 죄를 짓고 아담의 죄의 결과가 그들에게 영향을 미쳤기 때문이다. 이것에 관한 성 바오로의 정확한 가르침은 다음과 같다. "한 사람을 통하여 죄가 세상에 들어왔고 죄를 통하여 죽음이 들어왔듯이, 또한 이렇게 모두 죄를 지었으므로 모든 사람에게 죽음이 미치게 되었습니다"(로마 5,12; 참조. 3,23).[123]

알렉산드리아의 성 치릴로는 이 주제에 관해서 이렇게 기록했다. "뱀은 죄를 꾸며냈으며, 그 사악함으로 아담을 설득하였고, 그리하여 사람의 지력에 접근했다. 또한 '모두 빗나가 온통 썩어버려 착한 일 하는 이가 없'(시편 14,3; 로마서 3,12)게 되었다. […] 그리고 예언서의 말씀대로, '저승이 목구멍을 한껏 벌리고 그 입을 한없이 열어젖혀'(이사 5,14) 죽음이 승리하여 우리를 삼켜버렸다. 아담에게서 일어난 그 죄를 우리가 본받았기 때문에 – 모든 이들은 자기가 범죄한 정도에 따라 – 우리는 같은 유죄 선고의 대상이 되었다."[124] 치루스의 테오도레투스(Theodoret of Cyrus)는

할이다. 한편으로, 악마는 아담을 죄로 선동했다(참조. 성 아타나시오의 『말씀의 육화에 관하여』 V.2; 성 막시모의 『탈라시오에게』 61,PG 90.633B) – 솔로몬의 지혜서의 저자는 '악마의 질투' 때문에 죽음이 세상에 들어왔다고 선언하기 위해서 썼을 것이다(지혜 2,24). 그리고 다른 한편으로, 악마는 자신이 '왕자'인 이 세상 도처에 악의 효과를 퍼뜨리기 위해서 설쳤을 것이다.

123) 이런 관점에서 기록된 동양과 서양의 관념의 차이는 이 사도 바오로의 말씀에 대한 해석상의 차이 때문이다. 그리스 텍스트 eph' ō pante hemarton은 "죄 지은 모든 이들 때문에"[혹은 "그 사실 때문에"]를 불가타 번역이 "in quo omnes peccaverunt"("죄 지은 모든 사람들 안에서"[즉 아담 안에서])로 번역했기 때문에 나타난다. 그리스 교부들의 해석인 앞의 해석을 오늘날 대다수의 성경 주석학자들이 받아들인다. J. Meyendorff, 인용문; S. Lyonnet의 "Le sens de eph' ō en Rom V, 12; l'exégèse des Pères grecs," pp.436-456을 보라.

124) 『로마서 주석』, PG 74.784BC

더 분명하게 이렇게 말한다. "모든 사람이 죽음의 법칙에 예속되는 것은 우리 선조의 죄 때문이 아니라 그 장본인의 죄 때문이다."125) 테오도레투스가 확실히 말하고 싶어 하는 것은, 아담의 원초적 책임과 죄에 떨어진 인간 본성의 유전적 특성을 부인하지 않고서126) 모든 사람들이 죄가 많으며, 자신들에게 영향을 끼치는 그 유산 안에 있는 공동책임을 지고 있다는 점이다. 거꾸로 말하면, 사람들은 죄를 지음으로써 아담의 죄와 그 결과의 영속성에 공헌하고 있다는 것이다. 사실, 사람들은 자신들의 개인적 죄를 아담에게 추가함으로써 그 결과들을 발달시키고 증가시키는 것이다.

그래서 모든 사람은 비록 자신이 아담에게서 물려받은 본성 때문에 시달리는 악에 대해 '선험적으로' 책임이 없다고 하더라도, 자신의 개인적 범죄 때문에 '후험적으로' 책임이 있는 것이다. 또한 자신을 아담과 연결시킴으로써 어느 면에서는 아담의 실수를 취하고 그 죄를 자신의 죄로 만드는 것이다.127) 이런 관점에서 볼 때, 아담과 그의 후손들 사이에 있는 악과 모든 인간 존재들 사이에 있는 악에는 어떤 연합이 있다. 그리고 모든 사람들은 인간 본

---

125) 『로마서 주석』, PG 82.100.
126) 위의 책을 참고하라.
127) 성 그레고리오 팔라마스는 아담의 후손들의 더 큰 경험 때문에 아담보다는 아담의 후손들에게 책임을 전가하기를 망설이지 않는다. "많은 사람들은 악마에게 그리도 쉽게 설득당함으로써 하느님의 계명을 위반했다고 아담을 고발한다. 그리고 이런 범죄 덕분에 악마는 우리 모두를 쉽게 죽게 만들었다. 그러나 경험하기 전에 죽음의 식물을 맛보고 싶어 하는 것은, 그것이 죽음이라는 것을 알고 경험한 후에 먹고 싶어 하는 것과는 같지 않다. 그런데 그는 경험을 한 후에 독을 삼키고, 그래서 자신에게 비참한 죽음을 불러왔다. 그래서 죽음은 더 비난받아 마땅하다. 이 비난받아 마땅한 것은 그러한 경험을 하기 전에 그 결과로 고통을 당하고 같은 행위를 한 그의 죽음이다(『신학적 그리고 윤리학적 장들』 55).

성을 겪는 존재로서 자기들이 지은 죄의 정도에 따라서 자기 자신에게 다가온 악에 대해서뿐만 아니라 다른 사람들에게 다가온 악에 대해서도 부분적으로 책임이 있다.[128] 같은 의미에서, 우리는 루카복음에 나오는 그리스도의 가르침(13,1-5)을 이해할 수 있다. 이것은 질병에 관한 질문에 대해서 명확하게 관련이 있다는 것이 아니라, 다만 불행한 사건이나 사고의 경우에 있는 집단적 책임을 환기시키기 때문이라는 것이 적절하다. 아울러 사람들이 겪는 질병과 다른 고난과 함께, 이런 사건 사고는 죄의 결과 속에 넣어질 수 있다.[129] 빌라도의 명령으로 갈릴래아 사람들이 살해당한 것을 이야기하는 사람들에게 예수께서는 이렇게 대답하신다. "너희는 그 갈릴래아 사람들이 그러한 변을 당하였다고 해서 다른 모든 갈릴래아 사람보다 더 큰 죄인이라고 생각하느냐? 아니다. 내가 너희에게 말한다. 너희도 회개하지 않으면 모두 그처럼 멸망할 것이다. 또 실로암에 있던 탑이 무너지면서 깔려 죽은 그 열여덟 사람, 너희는 그들이 예루살렘에 사는 다른 모든 사람보다 더 큰 잘못을 하였다고 생각하느냐? 아니다. 내가 너희에게 말한다. 너희도 회개하지 않으면 모두 그렇게 멸망할 것이다." 이렇게 말씀하시면서, 그리스도께서는 당신의 말씀을 듣는 사람들을 위협할 의도는 없었다. 오히려 그분은 이런 종류의 불행이 희생자 당사자의 죄에 연결될 뿐만 아니라, 전체 인간들의 죄에도 연결된다는 점을 가르치시려 하셨다. 그분이 말씀하신 사람들이 일어난 사건의 직접적

---

128) 은수자 마르코의 『어떤 법률가와의 논쟁』 18-19; PG 65.1072-1101.
129) 성 요한 크리소스토모가 생각하는 것은 "죄는 모든 악의 원인이며, 이에는 고민, 대변동, 전쟁, 질병 등의 원인과 우리에게 다가오며 치유되기를 거부하는 모든 형태의 고통의 원인들이 있다"는 것이다(『회개에 관한 강론집』 Ⅶ). 그는 이렇게 다시 말한다. "죄는 인간을 괴롭히는 모든 불행의 원천이다"(위의 책).

인 원인이 아니라 할지라도, 그러나 예수께서는 그들 자신이 일어난 사건에 관련이 있고, 그 사건에 포함되며, 그 사건에 개인적으로도 책임이 있다고 느끼기를 바라셨다. – 그래서 그들이 계속 범죄한다면 다시 그런 일들이 일어날 수 있을 것이다. 이런 이유로 그분께서는 사람들을 회개로 부르시는 것이다.

이런 가르침에 충실한 정교회의 영성 – 특히 수도자적인 영성은 기도의 전통 속에 우리의 이웃을 강타하는 불행에 직면한 집단적 책임에 관한 이런 통찰을 포함시켜 왔다. 우리 이웃이 당하는 질병은 단지 그 한 가지 표현일 뿐이다.[130] 도스토예프스키는 스타렛 조시마가 만든 놀랄 만한 선언 안에 있는 이런 전통을 생각나게 했다. 즉 "우리 각자는 모든 것 앞에, 모든 사람들에게, 모든 것에 대해 책임이 있다."[131]

육화된 말씀에 의한 인간 본성의 치유

오직 그리스도께서만 아담의 범죄의 결과와 죄 자체로부터 인류를 해방하실 수 있다. 신적인 인격체이신 그분은 인간 본성의 충만성을 구현하실 수 있다. 그래서 그분은 전체 인간성을 취하시고, 그분 자신의 신적 본성의 능력으로 인간성을 회복시키시며, 그분 자신 안에 있는 인간성을 신성과 일치시키시고 재결합시키신다. 이 때문에 그분은 새로운 아담이 되시지만, 완전히 (예언

---

130) 참고. 은수자 마르코의 『어떤 법률가와의 논쟁』 20.
131) 『카라마조프가의 형제들』, 불어판에서 인용, 『Les Frères Karamazov』 (Paris: Gallimard, 1972), p. 320.

이) 실현된 아담이시며, 때문에 그분은 과거 첫 인간이 완성하는 데 실패한 하느님의 계획을 충만하게 실현하시는 것이다.132) "그래서 한 사람의 불법행위가 모든 사람들을 유죄 선고로 인도했지만, 한 사람의 의로운 행위는 모든 사람들을 생명과 무죄 방면으로 인도한다. 왜냐하면 한 사람의 불순종이 많은 이들을 죄인으로 만든 것처럼, 한 사람의 순종이 많은 이들을 의롭게 만들었기 때문이다"(로마 5,18-19). 아담 안에서 죄에 떨어진 인간성은 그리스도 안에서 복구되고 범죄하기 전 상태에서 알고 있었던 모든 특전이 회복된다. 알렉산드리아의 성 치릴로의 말씀 중에 이런 말이 있다. "아담 안에서 사람의 본성이 타락 때문에 아프게 된 것처럼, […] 그리스도 안에서 건강을 회복하게 되었다."133) 그리스도는 자신의 강생으로 우리 본성을 하느님에게서 갈라지게 한

---

132) 그래서 그리스도는, 교부들이 인간 창조의 궁극적 목적이라고 여기는 것을 자신 안에 완성하셨다: 우리가 지금까지 언급했듯이, 인간의 신성화는 아담에게 배당된 임무였다. 그러나 인간 본성의 이 궁극적 목적을 인간이 성취하는 것은, 본성이 그것에 도달할 수 있는 조건 속에 있다는 것을 전제조건으로 한다. 다시 말해, 그 본성은 범죄하기 전의 아담 자신의 본성의 조건 속에 있음을 의미한다. 왜냐하면 만약 육화의 궁극적 목적이 인간의 신격화를 완성하는 것이었다면(성 막시모가 특별히 강조하듯이[참조. 『주님의 기도에 관한 주석』 PG90.873C; 『탈라시오에게』 54, PG90.520D; 60,621 A-C]), 이런 신격화는 죄를 극복한 승리, 아담이 초기에 이미 알았던 타락하지 않음과 불멸성에 관한 인간성의 잠재적 회복, 악마의 횡포와 죄의 세력의 파괴와 인간 본성의 부활을 전제로 하기 때문이다. 이것이 바로 육화의 첫 목적이다. 이런 두 가지 육화에 관한 양극단 - 육화의 말씀 중에 신격화하는 일과 구원하는 일 - 사이에서 정통신학이 이룬 구별에 관해서는 V.Lossky의 『하느님과 닮은 것과 하느님의 이미지』 중에서 '구속과 신격화', 5장(New York: St. Vladimir's Seminary Press, 1974), pp.97-110을 보라. 교부들이 종종 치유라고 생각한 인간 본성의 회복을 완성한 그리스도의 과업에 관해서는 우리의 연구를 보라『Thérapeutique des maladies spirituelles(Paris, 1991)』, vol. I, part 3, ch. 1, pp.319-344, "Le Christ médecin").
133) 『로마서 주해』 789B.

장벽을 전복시키셨으며, 그 본성이 아직 창조되지 않은 은총의 신성한 에너지들 안으로 들어갈 수 있도록 한번 더 개방하셨다. 그분은 구속적인 일을 통하여 우리를 악의 압제로부터 자유롭게 하셨고 죄의 힘을 무너뜨리셨다. 그분은 자신의 죽음을 통하여 죽음과 타락을 극복하시고 승리하셨다. 그분은 자신의 부활을 통하여 우리에게 새롭고 영원한 생명을 하사하셨다. 그리고 그것은 인간의 본성뿐만 아니라, 그리스도께서 치유하시고 복구하신 전 창조물이기도 하다. 또한 그분은 하느님 아버지와 함께 자신 안에 그 구속의 대상들을 연합하심으로써 죄 때문에 피조물들 안에서 지배하던 무질서를 끝내시고 분열을 폐지하셨다.

성 막시모가 기술하였듯이, 하느님은 "사람을 파멸로부터 구하시기 위하여 사람이 되셨다. 그분 안에서 재연합됨으로써, 우주적 자연 안에서의 균열이 […] 그분은 모든 것 - 하늘의 것과 땅위의 것 - 을 요약하심으로써 그분 자신 안에서 하느님 아버지의 위대한 일을 완결하셨다. 또한 그 모든 것들은 전에 그분 안에서 창조된 것들이기도 하다. […] 먼저 그분께서는 우리와 일치하시면서 우리를 당신에게 전적으로 순응하게 하신다. 이로써 그분은 우리 안에 자신의 순수하고 전체적인 이미지를 복구하시고, 어떤 타락의 증세도 손을 대지 못하게 하신다. 그분은 우리와 함께, 우리를 위하여 전체 피조물들을 포용하신다. […] 그분은 모든 것을 자신 안에서 개괄하신다. 그리고 우주의 다양한 구성원들을 재연합시키심으로써, 마치 우주가 완전히 충족된 한 인간인 것처럼, 전 우주가 하나라는 것을 보여주신다. 그분은 창조된 조물들 간의 내적인 전쟁을 종식시키시고, 모두를 평화로 연결하시며, 하늘과 땅의 모든 것들의 깨질 수 없는 조화를 이루신다."[134]

어째서 질병은 지속되는가?

그러나 그리스도께서 하시는 이 일은 어떤 면에서도 인간의 자유를 침해하지 않는다. 그분의 구원사업은 인류에게도 다른 피조물에게도 부담스런 것이 아니다. 오히려 그 성취는 인간의 자유의지에 맡겨지며 인간의 수락과 자유로운 협력을 필요로 한다.135) 니사의 그레고리오는 모든 사람에게 구원의 은총이 어째서 부담스럽지 않은지 설명하면서 이렇게 썼다. "모든 사물에 대한 통치권을 가지고 계시는 그분은 인간의 자유를 최대한 존중하시면서 우리에게도 주권의 영역을 허락하셔서, 우리 각자는 그 주권에 대하여 고유한 주인이 된다. 이것은 인간 의지의 영역인데, 노예적인 기능이 아니라 오히려 자유로운 의지이며, 우리 이성의 독립성 안에서 수립된 의지이다. […] 우리의 반대자는 하느님이 복음을 받아들이도록 강요함으로써 마지못해 따르도록 했을 수 있었다고 여긴다. 그러나 그렇다면 우리의 자유의지는 어디에 있다는 말인가? 어디에 덕목이 있으며, 어디에 옳은 품행에 대한 영광이 있겠는가?"136) 그리스도의 복종에서 완성된 인간 본성의 신적인 회복은 인간적 순종이 그리스도 안에 결합되고 합병될 때까지 그 순종에도 잠재해 있다. 이런 합병과 결합은 그리스도의 몸인 교회 안에서 완성되는데, 성사 안에서 전달되는 성령의 은총이 완성시킨다. 그러나 그럼에도 불구하고 인간은 은총에 의해서 스스로 이렇게 변모되는 데에 반드시 협조해야 한다. 인간은

---

134) 『모호한 것들』, PG 91.1308D-1313B.
135) 예루살렘의 치릴로의, 『세례 교리 문답』 Ⅶ.13. 참조
136) 『교리교육에 대한 담화』 ⅩⅩⅩ-ⅩⅩⅩⅠ

은총을 얻기 위해서 일해야 한다(필리 2,12 참조). 그리고 자신을 은총 앞에 개방해야 하며, 한결같은 노력으로 자신을 은총에 동화시켜야 한다. 인간은 세례를 통하여 '낡은 인간'(에페 4,22)을 벗고 그리스도를 입는다(갈라 3,27). 그렇게 해서 인간은 '새로운 사람'이 되지만, 단지 잠재적으로만 그렇게 되는 것이 아니다. 인간은 자신의 타락한 본성에서부터 복구되어 신격화된 본성에 이르기까지 스스로 이런 변모를 실현할 필요가 있다. 이것은 오직 첫째로 인간 본성의 죄의 상태를 항구하게 거절하는 것을 전제로 하는 성장과정의 공덕으로써, 그리고 유혹과의 싸움을 진행함으로써 발생할 수 있으며, 다음으로 계명을 실천하여 그리스도 안에서 재생된 본성을 획득함으로써 이루어질 수 있다.[137] 이런 길고 어려운 과정(마태 7,14; 11,12 참조)을 통하여, 사람은 누구나 거듭하여 죄에 떨어지며, 아무도 자기는 죄가 없다고 주장할 수 없게 된다(1요한 1,8-10; 로마 3,10-12 참조).

게다가, 많은 사람들이 의지를 고의적으로 사용하여 그리스도께서 주신 구원을 받아들이기를 거절하며 의식적으로 악의 선택을 고집하고 있다. 왜냐하면 죄는 자신을 스스로 세상 안에 영속시키며, 그 죄의 결과는 인간 본성과 전체 우주에 영향을 계속 미치기 때문이다.

그리스도께서 죄의 필요성을 제거하셨고, 악마의 횡포에 종지부를 찍으셨으며, 죽음의 독침을 제거하셨다는 것은 사실이다. 그러나 그분은 죄도, 악마의 행동도, 육신의 죽음도, 일반적인 죄의 결과도 끝내지 않으셨다. 왜냐하면 그분은 이런 것들의 원인이

---

[137] 우리 논문 "Le baptême selon saint Maxime le Confesseur", 「Revue des sciences religieuses 65」(1991), 51-70을 보라.

되는 인간의 자유의지를 방해하고 싶지 않으셨기 때문이다.138)

모든 사물이 회복되고 거기에 "의로움이 깃든 새 하늘과 새 땅"(2베드 3,13)이 나타나는 것은 오직 시간의 종말에 성부 하느님의 뜻에 따라서 이루어진다(사도 1,7; 마태 24,36 참조). 그때 죄가 파괴한 질서와 조화는 복구될 것이며, 우리 인간 본성을 신적 지위에 오르게 하고 구속하는 그리스도의 일을 통하여 그분이 획득하신 은혜가 모든 것에 충만히 전달될 것이다.

은총이 충만한 교회 안에서 그리스도와 함께 사는 사람은 '성령의 첫 열매'를 받게 되며, 와 닿는 축복의 맛을 보게 된다. 죄와 악마와 죽음과 타락은 더 이상 사람에게 능력을 발휘할 수 없게 되며, 그 어떤 명확한 방법으로 사람에게 영향을 미칠 수 없게 된다. 개인은 영적으로 그들로부터 자유롭게 된다.

그럼에도 불구하고, 사람이 확신하고 있으며, 이미 특정한 방법으로 얻은 청렴결백과 불사불멸은 오직 부활과 최후의 심판 후에만 인간의 육신에 실존하는 실재가 된다. 이것은 마치 인간 전 존재의 신적 지위가 저 궁극적인 순간에 충만히 완성되는 것과 같다(1코린 15,28 참조).

모든 인간 존재가 자신의 공통적 본성의 덕행에 의해서 영향을 받고 어떤 특정 범위까지 자신들의 많은 죄에 의해서도 서로 영향을 받는 것처럼, 그 때문에 그들은 자신의 죄의 악한 결과를 서로 나눈다. 또한 그들은 자신들에게 약속된 축복도 함께 서로 나눈다. 하느님은 각 개인 인간뿐만 아니라, 전체 인류의 구원과 신적 지위를 염두에 두신다. 그리고 교회 교부들의 생각으로 볼

---

138) 다마스코스의 성 요한의 『정통신앙』 IV.19; 성 이레네오의 『이단을 반대하여』 IV.37을 참조하라.

때, 절대로 각 개인을 전체 인류와 떼어서 생각할 수 없다. 오리게네스 교부의 말씀에 "자신의 구속을 기다리는 오직 한 몸만이 있다."139)는 말이 있다. 그리고 성 히폴리투스는 이렇게 썼다. "모든 인류의 구원을 바라시는 하느님은 우리에게 하나의 '완벽한 인간'을 이루라고 요구하셨다."140)

바로 이것이 우리를 위해서 축적된 축복이 우리에게 개인적으로나 즉각적으로 수여되지 않는 이유이다. 구원되고 신적 지위에 오르게 될 개별적 인간의 위격에 주어진 가능성에 관해서는, 인간성이 매우 높이 성장하기를 기다리면서 증여가 오히려 연기되고 있다. 어째서 현재의 이런 고통스러운 실존이 우리가 갈망하는 실존으로 즉시 변화되지 않고, 오히려 육신의 고통의 상태가 인간성이 안고 있는 부담에서 해방되고 축복되어 불멸하는 생명의 특성이 있는 절대적 자유의 상태가 오게 될 때, 곧 전 우주적 성취가 약속된 때가 오기까지 지속되는지에 대해서 질문을 하면서, 니사의 성 그레고리오는 다음과 같은 설명을 한다.141) 하느님이 태초에 사람을 창조하실 때 하나의 개별 인간을 창조하신 게 아니라 '우리 본성의 충분한 상태'[plèrōma]를 창조하셨기 때문이다. 그리고 "신적인 예지와 힘에 의해서 모든 인간성은 이런 창조행위 안에 포함된다." 하느님께서는 아담이 죄를 지을 것이고, 그 결과가 죄를 낳을 것이라는 것을 아셨을 뿐만 아니라, "당신 손에 모든 사물의 한계를 쥐고 계시는 그분은" 또한 "전체로서의 인류를 구성하게 될 모든 개인들의 정확한 수마저도" 알

---

139) 『레위기에 관한 강론집』 VII.
140) 『그리스도를 반대하는 자들에 관하여』.
141) 이것은 『인간 창조에 관하여(PG44.204C-205D)』의 XXII장과 이미 XVI장, PG44.185BC에서 발전해 온 몇 개의 논항에서 볼 수 있다.

고 계셨다. "전체 인류가 하느님의 예지에 의해서 그 운명이 미리 정해져 있었기 때문에, 그분의 다스리는 권위가 모든 사물을 정확하게 지시하고 그 한계를 정하며, 그리고 현재처럼 미래를 아시는 이 하느님은 인류의 충분한 형성을 위해서 필요한 시간을 미리 확립하셨다. 즉 미리 결정되어 태어나게 될 영혼들의 수는 시간의 한계를 결정하게 될 것이고, 또한 시간의 흐름은 더 이상 인류의 번식에 필요 없게 되면 정지될 것이다." 그런 까닭에 시간의 종말은 "인간 세대의 충만한 상태와 함께" 올 것이다. 다시 말해, "인류의 충만이 신적인 예지에 따라서 그 기한에 이르게 되면", "인류는 자신의 죽을 가능성과 현세적인 상태로부터 변화될 것이며, 불멸하고 영원한 존재가" 될 것이다. "왜냐하면 영혼의 수가 더 이상 증가되어서는 안 될 것이기 때문이다."

시편 저자는 모든 사람들 간의 이 연대성을 하느님의 충만한 축복을 받아 그 시간의 종말이 지연되는 하나의 중요성으로서 강조한다. 즉 "당신께서 제게 선을 베푸실 때 의인들이 저를 둘러싸리이다"(시편 142,8). 사도 바오로는 성조들에 관해 회상하면서 다음과 같이 한층 더 힘주어 말한다. "이들은 모두 믿음으로 인정을 받기는 하였지만 약속된 것을 얻지는 못하였습니다. 하느님께서 우리를 위하여 더 좋은 것을 내다보셨기 때문에, 우리 없이 그들만 완전하게 될 수가 없었던 것입니다"(히브 11,39-40). 이것은 이 마지막 구절에 대한 니사의 성 그레고리오의 깨달음이다.[142] 그러나 성 요한 크리소스토모스도 또한 다음과 같은 방식으로 그것을 이해한다. 즉 "마치 아브라함과 바오로가 자신들의 충만한

---

142) 같은 책, XXVII. 208B-D

보상을 받기 전에 먼저 여러분의 행복이 실현되기를 기다린 것처럼, 아브라함과 바오로의 이 주목할 만한 상황을 마음 안에 가정해보라. 왜냐하면 구세주께서 그들에게 우리가 거기서 그들과 함께 보상을 받게 될 때까지 그들은 그 보상을 받지 못할 것이라고 말씀하셨기 때문이다. […] 하느님께서 우리 모두가 다 함께 왕관을 쓰게 될 그 시간을 결정하셨기 때문이다. […] 아브라함과 바오로는 우리를 형제로서 기다리기 때문이다. 만약 우리 모두가 하나의 단일한 몸으로 조성되어 있다면, 이런 몸이 자신의 개별적 구성원들에 의해서 분리된 것보다는 모두 다 함께 왕관을 받게 되는 기쁨이 한층 더하게 될 것이기 때문이다."143)

사람이 하느님의 왕국이 이미 현재화해 있는 교회의 구성원이라고는 해도, 그는 자신의 현재의 육신 조건에서는 이 세상의 조건에 종속되어 있고 또한 무질서 상태에서 우주를 장악하고 있는 죄의 결과에도 종속되어 있다. 이러한 이유에서 이 현실이 하느님의 은총으로 영적 생명이라는 맥락에서 어떤 새로운 의미를 받는다 하더라도, 사람이 병과 고통과 생물학적 죽음을 겪는 것은 불가피하다. 그래서 성 막시모는 다음과 같이 선언할 수 있었다. "성령과 함께하는 사람이라도 인간 본성과 육체의 궁핍에서 예외가 되지 않는다."144) 성 치프리아노는 자신의 의견을 설명할 때 연대성을 강조했다. 그것은 지상적 상태에 사는 모든 사람들 가운데 있으며, 물리적 측면에서 존재하는 연대성이다. "즉 이 세상에 사는 한, 우리는 자신의 정체성으로 인류와 연결되어 있다. 또한 우리는 영적으로만 육신의 정체성과 구별된다. 이것은 우리가

---

143) 『히브리서에 대한 강론』 XXVIII.1.
144) 『사랑에 관한 世紀』 III.60.

육신의 불편을 모든 사람들과 나누고 있기 때문인데, 이는 '죽을 본성이 불멸의 옷을 입을'(1코린 15,53 참조) 때까지이다. 어떤 도시가 적에게 침략을 당하면, 그 도시의 포로 상태는 그 어떤 예우도 없이 모든 거주민들에게 오점을 남긴다. 또 맑은 하늘이 비를 기다리는 모든 희망을 여지없이 부숴버리면, 가뭄이 모든 사람들을 위협한다. 마지막으로, 어떤 배가 암초에 걸리게 되면, 그 결과로 생기게 되는 파선은 예외 없이 모든 승객을 죽을 운명으로 만든다. 그래서 이런 연대성은, 그것이 우리 눈이나 사지나 우리 몸 전체에 영향을 미치든 어떻든 간에, 우리의 고통과 함께한다. 즉 연대성은 우리가 이 세상에서 같은 본성을 공유하는 한, 우리 모두에게 영향을 미치기 때문이다."[145]

실제로, 하느님의 은총에 의해서 몸이 미래에 온전히 통합되고, 영혼에게 복종하고, 전적으로 정화되는 것은 몸이 부활하고 결백함을 수여받은 후인 삶의 저편 멀리에서만 있는 일이다(1코린 15,44 참조). 이승의 삶에서 몸은 영혼에 밀접히 연결되어 있으며, 신적인 에너지에 의해서[146] "육체적인 몸"(1코린 15,44)으로서 이승에서의 현재 실재 안에서 이미 영혼과 함께 어느 정도는 변모될 수 있다 하더라도, 그 몸은 자신의 본성과 운명을 가지고 있는 것이다.[147] 몸의 현 실존 양태와 그 구성에 의해서 몸은 우주에 연결되어 있으며 죄에 떨어진 창조된 질서의 상태를 지탱한다. 몸의 물질적 본성 때문에, 몸은 물질의 법에 종속되어 있다. 몸은 하나의 살아 있는 유기체로서 살아 있는 존재에 적합한 실존의 상태

---

145) 『죽음에 관하여』 8.
146) 예컨대 성 막시모, 『모호한 것들』, PG91.1088C를 보라
147) 다음 문헌들을 참조하라. 다마스코스의 성 요한의 『정통신앙』 II.12; 신신학자인 성 시메온의 『교리문답집』 XXV.53-68; 124-146.

를 공유한다.148) 그러므로 몸은 "분할과 소모와 변화와 수정이 가능하다."149) 심지어 우리는 이렇게 말할 수 있다. "몸은 자신의 본성(nature) 때문에 변화될 수 있으며 자신의 실체(essence) 때문에 불안정하다."150) 결국, 현재 우리의 조건으로 볼 때 "몸은 질병에서 벗어날 수 없으며 나이에 의해서 소모되는 것을 피할 수는 없다. 왜냐하면 몸이 동일한 상태로 유지된다는 것"은 우리의 몸이 지닌 속성이 아니기 때문이다.151) 실제로 인간의 몸 전체는 의지로 통제되지 않는다. 그리고 사람은 그 의지를 정복하거나 통제할 수 없다.152) 그래서 성 시메온은 다음과 같이 기록하였다. "몸에는 많은 변화가 있으며, 이것들 대부분은 인간 본성의 결과이다(물리적)."153)

그러므로 성인들 자신도 신체적 고통과 질병의 경험을 피할 수 없었으며,154) 마지막에는 생물학적 죽음도 피할 수 없었다. 이는 다음과 같은 점을 다시 한 번 증명한다. 즉 신체의 건강과 영혼의 건강 사이에는 필연적 관계가 없으며, 또한 물리적 고통은 직접적으로 시달리는 그 고통들에 관한 개인적 죄에 기인하지 않는

---

148) 다음 문헌들을 참조하라. 다마스코스의 성 요한, 위의 책; 성 니체타스 스테타토스(St Nicetas Stethatos), 『영혼에 관하여』 32; 성 요한 크리소스토모스의 『법령에 관한 강론집』 XVIII.3.
149) 다마스코스의 성 요한, 위의 책.
150) 신신학자 성 시메온의 『교리문답집』 XXV.63-66.
151) 페트라노의 테오도로, 『성 테오도시오의 삶』 XLVIII.25-49,1-2.
152) 다음 문헌들을 참조하라. 다마스코의 성 요한, 위의 책; St Nicetas Stethatos, 『영혼에 관하여』 31.
153) 『교리문답집』 53-55; 스테타토스의 니체타스, 위의 책; 성 요한 크리소스토모, 위의 책, XVIII.3.
154) 다음 문헌들을 참조하라. 신신학자 성 시메온, 『교리문답집』, 122-124; 나지안즈의 성 그레고리오, 『신학적 담화』 XVIII. 28; 성 막시모의 『Bizya와 함께한 논의』 II, PG 90.136-172.

다. 그 고통들은 정의로운 사람들과 죄인들 모두를 차별 없이 가격한다. 즉 "같은 운명이 모든 이에게 다가온다. 착한 사람과 사악한 사람들에게, 선한 사람과 악한 사람들에게, 정결한 사람과 부정한 사람들에게, 하느님께 봉헌물을 바치는 사람과 바치지 않는 사람들 모두에게 다가온다. 그것은 착한 사람과 똑같이 죄인에게도 마찬가지다. 그리고 맹세하는 사람과 맹세하지 않는 사람에게도 마찬가지다(전도 9,2; 참조. 마태 5,45).

때로 성인들은 다른 사람들보다 더 심하게 고통에 시달렸다. 이런 일은 두 가지의 기본적 이유로 설명된다. 첫 번째는 하느님의 구원경륜의 성질로부터 일어난다는 것이다. 그럼에도 불구하고 병과 고통의 원인이 된 적이 없으신 하느님께서 그 고통들이 생겨나도록 허락하신다.155) 또한 그 아픈 사람의 영적 정진을 촉진하도록 하고, 아울러 친구들과 가족 구성원들의 영적인 교화에 기여하도록 그런 고통을 사용하실 수 있다. "어째서 하느님은 성인들이 그리도 많은 고난을 당하도록 하실까?" 하고 질문한다면, 성 요한 크리소스토모가 다음 8가지의 상이하지만 밀접하게 관련된 답변을 준다. 첫째, 그들의 고상한 덕과 특별한 일들을 마음에서 일어나는 교만으로부터 보호하기 위해서이다(참조. 2코린 12,7). 둘째, 다른 사람들을 보호하기 위해서이다. 즉 그들이 다른 사람을 공경하기보다는 성인들을 죽게 될 단순한 존재들로서보다는 오히려 신들처럼 생각하면서 더 많이 공경하는 것으로부터 보호하기 위해서이다.156) 셋째, 하느님의 능력이 훨씬 더 큰 영향을 미치게 하기

---

155) 교부들은 시종일관 이런 미묘한 의미를 중시한다. 그리고 synkhōrein이라는 동사를 늘 사용하는데, 그 의미는 "(진실을 확실하다고 마지못해) 인정하다(concede)," "-에 동의하다(consent to)," "-을 받아들이다(accept)," "-을 인가하다(authorize)," 혹은 "허락하다(permit)." 등이다.

위해서인데, 그 이유는 하느님의 능력은 특히 약함 안에서 분명하게 드러나기 때문이다(참조. 2코린 12,9).[157] 넷째, 성인들이 순수한 사랑으로 사심 없이 하느님을 섬긴다는 것을 다른 사람들에게 보여주는 가운데 그들의 인내 자체가 더 위대한 감동을 줄 수 있도록 하기 위해서이다. 그 이유는 성인들도 자신의 고난 가운데서 똑같이 하느님께 봉헌하고 있기 때문이다. 다섯째, 성인들의 고통이 우리가 죽은 자들의 부활을 위하여 중재기도를 하도록 이끌기 위해서이다. 다시 말해서 공정하고 덕스러운 사람도 한없는 종류의 질병으로 시달린 후에나 이승을 떠난다는 것을 보게 될 때, 사람이 하느님의 의로움을 보여주는 미래의 심판에 비로소 관심을 갖고 집중할 수 있기 때문이다. 여섯째, 역경을 경험하는 사람들이 안심할 수 있도록 하기 위해서이며, 가장 거룩한 사람들조차도 같은 일들을 경험했고 심지어는 나쁜 것마저 경험했다는 것을 앎으로써 위로받도록 하기 위해서이다. 일곱째, 성인들의 행동의 고상한 성격이 우리로 하여금 성인들은 우리와는 다른 본성을 가지고 있다고 생각하지 않도록 하기 위해서이며, 또한 우리는 그 성인들을 결코 모방할 수 없다고 생각하지 않도록 하기 위헤서이다(참조. 야고 5,17, 지혜 7:1). 여덟째, 참된 행복과 불행을 이루는 것을 우리에게 가르치기 위함인데, 즉 참된 행복은 덕스러운 생활로 하느님과 결합하는 것이다. 반면에 불행의 진짜 유일한 원인은 우리를 하느님과 갈라서게 하는 데에 있다.[158]

질병이 있는 다른 사람들보다 성인들이 종종 더 많은 고통에

---

156) 성 바르사누피오(St Barsanuphius)의 『편지』 559를 보라.
157) 『시케온의 성 테오도로의 삶(St Theodore of Sykeon)』 105를 보라.
158) 『법에 관한 강론집』 Ⅰ.6-8; 참조. 나지안조의 성 그레고리오, 『신학적 담화』 ⅩⅧ.28.

시달리는 다른 기본적인 이유는 악마들의 직접적인 행위와 관련되는데, 그 악마들이 성인들을 괴롭히기 위해서 다양한 고통을 꾀하는 것이다. 그 악마들은 또한 성인들의 내적 행위를 방해하고 성인들을 본질적인 수행에서 멀어지게 만들려고 애쓴다. 에바그리우스(Evagrius)는 여러 번 다음과 같이 강조하였다. 사람의 영혼이 기도 안에서 하느님과 결합되면, 그의 영혼을 직접적으로 조정하지 못하면서도 사람에게 괴로움을 주려고 애쓰는 악마는 그 사람의 몸에 하는 행동 외에 다른 것을 사용하지 않는다.159) 그래서 악마는 그의 성질을 변화시키면서까지 그에게 행패를 부린다(구조적으로). 몸과 영혼이 연결되어 있기 때문에, 사탄이 바라는 것은 육신의 상태를 변화시킴으로써 영혼을 방해하고, 기도에 적절하지 않으며 영혼에 격정을 일으키는 생각과 환상160)을 받아들이도록 이끈다.161) 성 요한 크리소스토모는 덧붙여서 "몸의 성질의 어떤 작은 변화일지라도 영혼에는 아주 크고 많은 기능상의 문제로 고통을 일으킬 수 있다."162)고 덧붙여 말했다. 그 외에도 이런 방해물들은 - 종종 상냥한 것 같지만 - 실제로는 악마들이 질병을 만들어내는 곳에 이를 수 있는데, 악마들은 다양한 형태로, 다양한 환경과 아주 크게 중요한 무질서 아래, 성인들이 끔찍한 고통을 당하게 되는 원인으로서 성인들의 몸을 이용할 수 있다. 사막의 어머니인 싱클레티카(Syncletica)는 다음과 같이 말했다. "건강이 맥을 못

---

159) 『기도에 관하여』 63과 68. I. Haussherr의 주석을 보라, pp.90 이하와 이 논문에 있는 그의 간행본의 90 이하, 거기에 있는 훨씬 더 많은 참조문을 보라.
160) 위의 책, 63.
161) 위의 책, 68.
162) 다음 문헌들을 참조하라. 『법령에 관한 강론집』 II.4; 성 막시모, 『사랑의 세 기들』 II.92; 신신학자 성 시메온의 상기 인용문 중 184-190 참조.

추면, 사탄은 몸을 아프게 만든다."163) 사실, 악마는 사람이 하느님을 경배하는 데에 자신의 에너지를 바치는 것을 참지 못한다. 악마는 이런 고난을 수단으로 해서 성인들의 육신의 힘을 감소시킴으로써 성인들의 정신력을 약화시키고 하느님 찬양에 대한 강도를 감소시킨다. 악마는 성인들에게서 건강의 원천을 강탈함으로써 성인들의 경계심을 제한하고, 그들의 주의력을 흩어지게 하며, 유혹에 대한 저항을 감소시키고, 그들의 금욕적 노력을 파괴하며, 마침내 - 참으로 그것이 가능하다면 - 그들을 신적인 도움에서부터 절망으로 몰아넣고 하느님을 저주하도록 획책한다.

욥의 경우에서 우리는 특히 의인을 거슬러 겨냥된 이런 악마적 의도의 예를 명확히 보게 된다. 욥기의 서막은 질병을 만들어내는 악마의 직접적인 행동(2,6-7)뿐만 아니라 그렇게 하는 악마의 목적을 분명히 드러낸다(2,5). 그러나 욥기에서 분명히 하듯이, 질병과 고통이 하느님에 의해서 야기되지는 않는다 하더라도, 그것은 하느님의 섭리의 부분이 될 수 있다. 하느님께서는 악마의 자유의지나 어떤 악마적 행위를 하는 사람의 자유의지에 손을 대지 않은 채 그냥 놓아두고도, 괴로움을 당하는 사람이 경험하는 고통을 자신의 영적인 이익을 위해서 이용하도록 그에게 능력을 주심으로써 악마의 결과물을 수정하실 수 있다. 하느님은 악마적 행위(참조. 욥 1,12)에 어떤 한계를 부과하시고 고통을 당하는 사람이 견딜 능력 이상의 유혹을 당하지 않도록 보호하시면서(1코린 10,13) 악마가 의인에게 그런 악을 가하도록 허락하신다. 왜냐하면 하느님은 당신에게 충실하게 남아 있으면서 그 악을 잘 견뎌내는 사람이 거대한

---

163) 『격언집(알파벳 순), Syncletica 7』(B. Ward, 『사막 교부들의 말씀들』, London: Mowbrays, 1975, p.194를 보라).

영적 은혜를 그 결과로 받으리라는 것을 아시기 때문이다. 만약 시련을 당하는 사람이 그렇게 하지 않고 자신의 방식을 추구한다면, 그는 이런 영적 은사를 결코 알지 못하게 될 수 있다.

신체의 질병과 영혼의 질병

후자의 경우에 '개인적 죄 - 질병'이라는 인과관계는 부정될 뿐 아니라, 실제로는 거꾸로 된 것처럼 보인다. 몸의 질병은 영혼의 질병에 의해서 직접 야기되지 않고, 반대로 영혼의 건강에 의해서 생긴다. 그러한 인과관계가 없다는 것은 자신의 몸이 건강으로 한창 번성하고 있는 많은 죄인들이 무거운 질병에 시달리는 성인들과 나란히 있다는 사실에 의해서 한층 더 확인된다(그리고 성경의 많은 구절에 이러한 이중적 역설이 있다는 것에 우리는 놀라게 된다. 예를 들어, 예레 12,1; 5,8; 욥 21; 시편 73,4-5; 말라 3,15을 보라).

그럼에도 불구하고, 교부들은 어떤 경우에는 질병이 괴롭힘을 당하는 사람들의 죄스런 상태와 대단히 잘 연결되어 있을 수 있음을 인정한다.164) 그런 까닭에 성 막시모는 원칙적으로 "질병이란 것이 우리에(죄의 상태에) 따라서 생기는 것이 아님"을 고려한다 해도, 무질서한 생활은 충분히 질병의 원인이 될 수 있다는 점을 확언한다.165) 이와 비슷한 맥락에서, 성 바르사누피오(St. Barsanuphius)는 "태만과 무질서로부터 질병이 온다."고 말한다.166) 그리고 성 니콜

---

164) "죄를 제거하면 질병은 사라진다."라는 성 바실리오의 말을 인용하는 사로프의 성 세라핌의 인용을 참조하라. I,. Goraïnoff, 『사로프의 성 세라핌(Paris, 1979)』에서 인용됨.
165) 『Bizya와의 논의』, II.

라오 카바실라스(St. Nicholas Cabasilas)는 다음과 같이 훨씬 더 단언적으로 언급한다. 즉 "영혼의 윤리적 타락으로 야기된 신체의 질병에 시달리는 사람들이 있다."167) "격정은 몸에 자신의 흔적을 남긴다"는 나지안조의 성 그레고리오의 말처럼168), 사로프의 성 세라핌(St. Seraphim of Sarov)의 말씀들에서 "질병은 격정에 의해서 아주 잘 일어날 수 있다."는 점은 부정할 수 없는 것이 된다.169)

성 니콜라오 스테타토스(St. Nicholas Stethatos)는 자신의 글에서 일반적으로 정욕처럼 '향응받기를 좋아하는 것'이나 이기적인 자기 사랑 즉, 동방교회의 금욕주의적 전통을 근본적인 격정이라고 간주하면서, 모든 다른 것들을 낳고 자체 안에 모든 다른 것들을 내포하는 이 격정을 고발한다170). 그러나 질병의 주요 원인은 금욕주의적 전통에서 '육신적'이라고 부르는 저 격정들이다. 그것들은 육신 자체에 그 원천을 두기 때문이 아니라, 육신의 성향들에서 자신의 기초를 발견하는 가운데 육신을 통해서만 자신을 드러낼 수 있기 때문에 그렇게 불린다. 육신의 성향들이란 일반적으로 금욕주의 문학에서 성적인 욕정을 의미하는 음행171)과 아울러 '폭식' 혹은 대식172) 같은 것을 말한다. 우리는 이런 것들에다

---

166) 『편지』, 521
167) 『신적인 전례에 관한 주석』 XLIII.2.
168) 『신학적 담화들』 XXXII.27. 그는 수없는 예들을 보여준다.
169) 상기 인용문.
170) I. Hausherr, 『Philautie(Rome, 1952)』를 보라.
171) 예컨대 다음 문헌들을 참조하라. 『Sir』 37: 29-31. 성 요한 크리소스토모의 『요한복음에 대한 강론집』 XXVIII.1; 「동정성에 대한 논문」 69; 성 바실리오의 『더 긴 규칙』 19; 성 막시모의 『사랑에 관한 세기』 II. 74; 성 니콜라스 스테타토스의 『세기들』 I .88; 신학자 성 시메온의 『교리문답집』 XX.132-133.
172) 예컨대 다음 문헌들을 참조하라. 성 요한 크리소스코모의 『필립비서에 관한 강론집』 XIV.2; 성 막시모의 『주님의 기도에 관한 주석』(PG 90, 889B).

몸의 노곤함을 일으키는 영혼의 권태인 나태173)와 생리학적 동요를 잘 만들어 내는 성마름,174) 아울러 두려움175)과 슬픔176)도 추가할 수 있다. 이러한 격정들과 관련된 질병은 별도로 하고, 우리는 성경에서 개인적 죄의 직접적 결과로서 의심의 여지 없이 일어나는 약간의 고난의 경우들을 보게 된다(참조. 민수 12,10; 2열왕 5,27; 역대 21,18; 26,19; 1사무 3,17-18). 성경은 이런 경우들에 관한 명확한 읽을거리를 적당히 제공한다. 그런데 이런 경우들은 드물게 나타난다. 성경을 읽을 때, 이런 경우들에서 벌에 대한 순수한 개념을 하느님의 분노에서 나오는 것이라고 생각하거나 아니면 하느님이 격노하셔서 부과하시는 어떤 기계적인 반사작용으로서 생각해서는 안 된다. 그보다는 오히려 이런 경우들이 구원을 향한 섭리적인 방법을 나타내준다. 그 경우에 해당하는 사람들에 대한 구원으로의 섭리적 방법 안에서 그 사람들이 자기 몸에 나타난 갑작스러운 불행을 통하여 자신들의 영혼의 질병과 하느님과의 반목을 인식하도록 하는 데 가장 적절하게 기여한다. 이에 덧붙여서, 이런 경우들은 또한 각 개인의 죄와 연합되어 있는 질병과 고통과 죽음의 근본적, 존재론적 연결고리를 갖는 다른 사

---

173) 예컨대 다음 문헌들을 참조하라. 성 요한 크리소스토모의 『요한 복음에 관한 강론집』 XXXVIII.1. '나태'라는 용어는 많은 뉘앙스를 가지며, 그 외에도 메스꺼움, 지루함, 권태스러움, 기진맥진, 의기소침, 불만, 냉담과 무기력을 내포한다.
174) 예컨대 다음 문헌들을 참조하라. 성 요한 크리소스토모의 『행위에 관한 강론집』 VI.3; 『요한 복음서에 관한 강론집』 XXVI.3; 나지안조의 성 그레고리오의 PG37.816A와 948A; 『담화』 XXXII.27; 클리마코스의 성 요한의 『사다리』 VIII.5; 다마스코스의 성 요한의 『정통신앙』 II.16.
175) 참조. 나지안조의 성 그레고리오, 『담화』 XXXII.27.
176) 참조. 나지안조의 성 그레고리오, 위의 책. 이 여러 가지 격정들의 본성과 병리학적 효과들은 우리의 연구에서 길게 분석된다, 『Thērapeutique des maladies spirituelles』, I (paris,1991), p.151-306.

람들에게 어떤 조언을 한다.

그 특이성을 생각나게 하는 이런 경우들 외에, 우리는 영혼의 상태가 몸의 상태에 미치는 일반적 영향력을 부인할 수 없는데, 그 이유는 그것이 한편으로는 인간 생명의 참된 본성과 밀접하게 관련되기 때문이며, 다른 한편으로는 우리가 그동안 언급해 온 영적 연결고리이기 때문이기도 하다. 이런 세력은 죄와 격정에 복종하여 사는 사람들의 질병을 촉진한다. 영적 무질서는 미숙한 관찰자에게 흔히 감지되지 않는 가벼운 병으로 불가피하게 영혼과 몸에 자신을 표현한다. 그러나 성인들은 인간의 표정 위에서 자신들의 모습을 읽는 방법을 안다. 그렇지 않으면 어떤 특정한 환경에서 자신들이 하는 태도 표명을 깨달으며 자신들이 가진 식별이라는 선물에 감사드린다. 반대로, 신적-인간적 금욕생활을 통해서 자신들의 격정들을 정화하는 사람들의 경험 안에서, 몸에 깃든 영혼의 작용은 정화의 원천이 된다. 영혼이 신적인 평화와 신적 은총의 힘에 참여하면, 이런 평화와 은총은 몸의 기능과 통하게 된다.177) 바로 이런 점 때문에, 많은 위대하고 거룩한 사람들이 성숙하고 노련하게 나이를 먹으며, 몸의 수준에서도 현저한 활력과 놀랄 만한 젊음을 유지하게 되는 것이다.178) 어떤 성인들

---

177) 하느님 나라의 축복에 대한 희망과 신적인 평화 속에 사는 영혼은 이를테면 모든 정서적 방해와 걱정거리와 결과적으로는 몸에 있는 자신들의 병리학적인 힘에서 해방된다. 심장과 호흡의 리듬에 따라서 바치는 헤시카스트(hesychast, 고요) 기도의 진정시키는 역할은 그런 리듬이 몸의 전 기관에 은혜롭게 미치는 효과가 있는 것으로 잘 알려져 있다. 성 막시모는 일반적 태도로 다음과 같이 말한다. "잘 정돈된 생명은 그 자체로 건강의 원인이 된다"(『Bizya와의 논의』 II).
178) 이런 점은 종종 성인들의 삶 속에서 언급된다. 예컨대 다음 문헌을 참조하라. 칼리니코(Calinicos), 『Hypatios의 일생』 26.4. Evagrius는 이런 관점에서 다음과 같이 언급한다. "사막에서 사는 우리는 잘 앓지 않는다"(『다양하

이 자신의 소명으로서 몸에 고통과 타락의 시련을 당해야 하기는 하지만, 하느님의 은총으로 자신들이 영혼 안에 성취한 그 거룩함이 다른 사람들에게 드러나는 것을 허락한다. 신적인 에너지가 스며든 그 성인들의 몸도 물질의 평범한 운명을 초월하는 것으로서 자체의 운명을 드러낸다. 성 요한 클리마코는 다음과 같은 관점에서 기술했다. "어떤 사람이 신적인 사랑으로 내부를 채우고 그것과 일치해 있으면, 우리는 거울에 반사된 것처럼 그의 몸속에 있는 그의 영혼의 빛과 평온함을 볼 수 있게 된다. 그것은 마치 모세에게 일어난 것과 같은데, 모세가 하느님을 보고 영광스럽게 되었을 때 그의 얼굴이 빛으로 빛났던 것과 같다."[179] 그는 이렇게 덧붙였다. "내가 믿는 것은 타락하지 않게 된 사람들의 몸이 다른 사람들처럼 질병에 쉽게 걸리지 않는다는 것인데, 그 이유는 그들이 신적인 사랑의 순수한 불꽃에 의해서 정화되어 그 어떤 타락의 형태에 더 이상 굴복하지 않기 때문이다."[180] 이 거룩한 사람들은 이 세상에서 그리스도께서 주신 거룩한 변모와 부활을 처음으로 미리 맛보면서, '영혼과 몸의 최상의 의사'께서 완성하신 인간 본성의 전체적 치유를 통하여 모든 질병의 종말을 모든 인류에게 증명하는 임무를 수행한다. 그런 증거로써 그들은 하느님 나라에서 알려지게 될 더욱 위대하고 더욱 완전한 건강 상태에 대한 약속으로서 세상이 같은 것을 미리 맛볼 수 있도록 해주는 것이다.

게 사악한 생각들』 X 1 ; PG 79.1200-1233; PG 40.1240-1244).
179) 『영적 진보의 사다리』, XXX.17.
180) 위의 책, XXX.19.

건강의 불안정성

그럼에도 불구하고, 모든 인류와 마찬가지로 그들을 위해서 이 세상살이 동안에 몸의 완벽한 건강을 얻을 수는 없다. 이 세상에 완전한 건강은 절대로 존재하지 않는다. 또 건강은 항상 부분적이고 일시적인 균형의 문제이다.[181] 우리는 이렇게도 말할 수 있다. 즉 현재 나이의 건강은 단순히 질병에 덜 걸리는가 하는 문제이라고. 이상적인 건강의 참된 개념은 사실상 우리의 이해를 넘어서는 문제이다.[182] 그것은 이승에서 우리에게 어떤 경험도 보여주지 않기 때문이다. 우리의 현재 상태에서 '건강'이 어떤 면에서는 늘 '질병'인데, 이 질병은 단순하게 그런 질병으로 나타나지는 않았으며, 또한 그런 질병으로 확인될 만큼 충분히 의미를 나타내지도 않는다.[183]

---

181) 참조. 신신학자 성 시메온의 『교리문답집』 XXX.124-126.
182) 이것은 끊임없이 철학적, 의학적인 논쟁을 일으켜 왔다. 이 논쟁은 '건강'이라는 개념의 의미와 범위를 정의하는 데 주력했다.
183) 이것은 의학이 질병의 정의를 더욱 더 정련하고 그 범위를 확장시키도록 하는 것이다. 그것은 또한 현대 사회에서 개인들의 '의학화'를 증진시키도록 인도한다. 이런 의학화에 의해서, 의학 전문가들은 어떤 희생을 치르고서라도 옛날에는 질병이라고 여기지 않았던 질병 상태를 감정하려는 시도를 하게 된다.

II. 질병의 영성적 의미

건강과 질병의 양립성

성 요한 카시아노(St. John Cassian)는 이렇게 썼다. "인간적인 문제들 가운데 덕을 제외하고는 단어의 참된 의미에서 선이라고 여겨질 만한 것이 아무 것도 없다. 이 덕은 우리를 하느님께로 인도하여 이 불변하는 참 선에 충실하게 만든다. 다른 한편으로, 죄 이외에 다른 악은 없다. 죄는 선하신 하느님에게서 우리를 갈라놓음으로써 사악한 악마와 우리를 결합시킨다."1)

신체적 건강이 인간 본성의 – 즉, 이전에 죄에 떨어진 사람의 상태 – 정상적 상태와 상응한다는 것은 사실이다. 그리고 그런 이유 때문에 건강은 그 자체로 선으로 간주될 수 있다.2) 그럼에도 불구하고, 다른 관점에서 볼 때, 건강은 인간들에게 가치 없는 것이 될 수도 있다. 말하자면, 건강이 좋게 사용되지 않고,3) 최고선(最高善) 즉 그리스도의 계명을 실행하고 하느님의 영광을 드러내는 목적으로 사용되지 않으면 그렇게 된다. 즉 건강이 참된 선으로 이루어져 있지 않고 겉보기에만 좋아 보인다면4) 인간들에게 쓸모가 없게 된다. 이것이 성 바실리오가 다음과 같이 선언하는 이유이다. "건강이 선한 사람들에게 보답으로 주어지는 것이 아닌 한, 그것이 선천적으로 받은 좋은 것들 가운데 포함된다고 말할 수 없다."5) 만약 건강이 사람을 구원에 대해 냉담해지도록 만드

---

1) 『종교 협의회』 VI.3. 다음 문헌들을 참조하라. 성 요한 크리소스토모의 『법령에 관한 강론집』 V.2; 성 바실리오의 『강론집』 중에서 '하느님은 고통의 원인이 아니시다' 5.
2) 참조. 증거자 성 막시모의 『사랑의 세기』 II.77.
3) 위의 책.
4) 위의 책.
5) 『편지』 CCXXXVI.7.

는 데 기여하고, 그에게 자기 혼자만으로도 충분하다는 거짓 느낌을 주어 하느님에게서 멀어지게 만들며, 그에게 하느님께서 당신을 드러내시는 나약함, 그리고 진정한 힘을 이루는 나약함(2코린 12,9-10)을 제공하기보다는 실제로는 약해져 가는 육신의 힘이나 제공한다면, 사실상 건강은 악한 것이다. 건강이 간섭받지 않는 통제수단을 격정에게 주는 데 사용되고, 이로써 죄악의 도구가 된다면, 그것은 더 큰 악이 된다(로마 6,13). 그래서 나지안조의 성 그레고리오는 이렇게 충고한다. "모르는 사이에 죄악으로 인도하는 건강을 경멸하는 방법을 알라."[6]

질병에 대해서 얘기하면, 그것이 아담의 죄의 결과로서 일어나는 만큼, 그리고 죄에 떨어진 세상에서 활동하는 악마의 행위의 효과로서 일어나는 만큼, 그 안에 사악한 어떤 것이 있다. 그런 것으로서 질병은 하느님께서 세상과 인류를 창조하실 때 계획된 하느님의 질서를 거절하는 것이다. 그럼에도 불구하고 질병은 물리적 본성과 몸의 수준에서만 악하다. 만약 사람이 자신을 완전히 질병에 빠지게 하지 않는다면, 질병은 그 사람의 영혼에 해를 줄 수도 없고 그 사람의 본질적 존재와 영적 본성에 나쁜 영향을 미칠 수도 없다. 그리스도의 가르침에 따르면, 사람은 지옥에서 육신과 영혼 둘 다 멸망시킬 수 있는 것은 무엇이든 두려워해야 하지만, 영혼에는 죽음을 초래하지 않고 오직 자신의 몸에만 해를 미칠 수 있는 것을 두려워할 필요는 없다(마태 10,28). 질병은 그 자체로 인간을 하느님으로부터 갈라놓을 힘을 가지고 있지 않다. 그러므로 영적인 관점에서, 질병은 인간의 생명에서 악의 원

---

[6] 『담화』 XIV.34.

천이라고 생각될 수 없다. 성 요한 크리소스토모는 다음과 같이 기록했다. "만약 영혼이 좋은 건강을 누리고 있다면, 신체적 질병은 어떤 방식에서건 인간에게 해를 끼칠 수 없다."7) 그래서 질병은 겉으로만 악한 것이다.8) 질병은 다음의 효과 측면에서는 인간을 위한 축복9)이 될 수도 있다. 즉 사람이 질병을 적절하게 이용한다면,10) 그는 질병에서 중요한 영적 은혜를 이끌어낼 수 있다. 그래서 원래는 죽을 운명의 표지이던 것을 구원의 도구로 만들 수 있다.11) 성 요한 크리소스토모는 다음과 같이 덧붙였다. "비록 그것이 질병이나 다른 어떤 종류의 것과 같이 악이라는 이름을 가지기는 하지만, 적절하게 말해서, 악이 아닌 악이 있다. 만약 그 이름들이 진정 악한 것이라면, 그것들은 우리를 위한 수많은 축복의 원천이 될 수 없을 것이다."12) 이와 같은 맥락에서 성 요한 카시아노는 다음과 같이 언급했다. "질병이 많은 사람들에게 풍요롭고 영원한 기쁨을 얻게 해주는 수단을 줌으로써 축복의 역할도 하는데, 과연 우리는 질병 안에서 본질적으로 사악한 것을 어떻게 알 수 있겠는가?"13)

마침내, 나지안조의 성 그레고리오는 다음과 같이 충고한다. "건강의 모든 형태를 숭배하지 마라. 그러면 모든 질병을 비난하

---

7) 『라자로에 관한 강론집』 VI.5.
8) 성 요한 크리소스토모, 『악마에 관한 강론집』 I.5; 다마스코스의 성 요한, 『정통신앙』 IV.19; 성 바실리오, 「강론: '하느님은 고통의 원인이 아니시다'」 5.
9) 성 바르사누피오, 『편지』 78; 성 요한 크리소스토모, 『안나스에 관한 강론집』 I.2.
10) 다마스코의 성 베드로, 『책』 I.
11) 성 요한 크리소스토모, 『회개에 관한 강론집』 VII.6.
12) 『사탄에 관한 강론집』, I.5.
13) 『종교 협의회』 VI.6.

지 않을 것이다."14)

결과적으로 어떤 경우에서건 그리고 영적으로 인간을 위한 것이라는 관점에서, 질병은 불합리하게도 건강보다 더 높고 좋은 것이며 그래서 건강보다 오히려 더 나은 것이라고 간주될 수 있다.15) 나지안조의 성 그레고리오는 다음과 같이 비평한다. "의학적 치료의 목표는 건강이나 육신의 좋은 상태라는 것이 존재한다면 그런 것을 재확인하는 것이거나, 혹은 그런 것들을 잃었다면 회복시키는 것이다. 그러나 이러한 이점들이 실제로 유익한지는 알 수 없다. 사실상, 자주 이에 반대되는 상태가 그것에 시달리는 사람들에게는 더 이익이 된다."16) 이에 상응하게, 우리는 몇몇 거룩한 사람들과 마주치게 된다. 이 거룩한 사람들은 자신들의 질병이나 혹은 자신들이 돌봐주는 사람들의 질병에 직면해 있으면서도, 건강한 상태로 다시 돌아가게 해주십사고 하느님께 청하지 않고 오히려 영적으로 가장 유익한 것을 청한다. 그들은 이런 질병 때문에 한탄하기보다는, 그 질병으로부터 도출되는 은혜 속에서 기뻐한다.17)

질병과 고통의 긍정적 의미

그러나 그러한 태도는, 우리가 육신적 본성을 초월하게 하는 궁극적 목표와 의미를 질병 덕택이라고 생각하는 것을 전제로 한다.

---

14) 위의 인용문.
15) 예컨대 다음 문헌을 참조하라. 성 바르사누피오, 『편지』 189,513,570.
16) 『담화』 II.22.
17) 다음 문헌들을 참조하라. 성 바르사누피오, 『편지』 90, 220, 570; 가자의 성 요한, 『편지』 148, 384.

엄밀히 질병을 그 자체의 현상이라고 여기는 것은 거의 부정적이고 빈약한 빛 안에서 질병을 아는 것이다. 그리고 이런 태도는 자신의 어리석은 의식에서 발생하는 신체적 고통과 윤리적 고통을 증가시킬 뿐이다. 그러한 태도의 결과로 보통은 사탄의 행위에 개방하는 길을 남기게 되며, 영혼 안에 두려움, 걱정, 분노, 약함, 증오심, 절망감과 같이 우리를 괴롭히는 격정을 발달시키게 된다. 이런 상태들은 몸을 편하게 하지 않을 뿐만 아니라, 대부분은 종종 몸에 영향을 미치는 사탄의 증상을 증가시켜서 영혼 안에도 질병을 만들어 낸다.[18] 그래서 질병은 전혀 좋은 역할을 하지 못하고, 오히려 아픈 사람에게 영적 퇴화의 원천이 된다. 이 영적 퇴화는 아픈 사람의 몸을 위험에 빠뜨리는 것 이상으로, 그 사람의 영혼도 그렇게 만든다.

교부들이 다음과 같은 점을 강조하는 것은 바로 이런 위험 때문이다. "우리가 질병에 복종하는 것은 보람 없는 일도 아니고, 이유가 없는 것도 아니다."[19] 이것이 바로 질병에 시달릴 때 방심하지 말라고 교부들이 우리를 격려하는 이유이며,[20] 또한 그 질병의 본성적 원인과 그것을 치유하는 수단 때문에 우리 자신을 괴롭히지 말라고 격려하는 이유이다. 오히려 우리의 첫 관심은 하느님과 우리의 관계라는 틀 안에서 질병들의 의미를 식별하는 것이어야 하며, 질병이 우리의 구원을 촉진할 수 있는 긍정적 기능에 관한 빛을 드리워야 한다. 이런 점에 유의하면서, 성 막시모는 다음과 같이 충고한다. "당신이 전혀 예기치 않은 시험에 놓

---

[18] 성 요한 크리소스토모, 『법령들에 관한 강론집』 V.4.
[19] 위의 책, 『안나스에 관한 강론집』 I.2.
[20] 위의 책. 『법령들에 관한 강론집』 V.4.

이게 되고 […] 그 시험의 목적을 찾아내게 되면, 그것을 통해 얻게 되는 이점의 수단을 알게 될 것이다."21) 이상적인 것은 처음부터 고통이 우리를 지배하지 못하도록 하는 것이며, 오히려 고통이 영혼과 심지어는 우리 전 존재, 우리 전 실존을 에워싸는 한계를 넘어서는 것이다. 이러한 두 가지 전망에서 나지안조의 성 그레고리오는 다음의 충고를 모든 아픈 사람들에게 준다. "나는 신적인 것으로 잘 배운 당신이 더 세속적인 사람들과 같은 감정으로 고통 받게 되기를 원하지 않으며, 그렇게 되는 것이 유익하다고 생각하지도 않는다. 또한 당신의 몸이 질병에 걸리는 것을 원하지도 않고, 그렇게 되는 것이 좋다고 생각하지도 않으며, 마치 병이 치유될 수 없으며 구제불능인 것처럼 당신이 고통으로 몸부림치는 것을 바라지도 않으며, 그렇게 되는 것이 좋다고 생각하지도 않는다. 오히려 나는 당신이 당신의 고통에 대해서 침착해지기를 바라며, 당신의 괴로움의 원인에 굴복하지 않는다는 것을 보여주기를 바라며, 당신을 위해서 궁극적으로 좋은 것을 향하여 더욱 높은 길을 보기를 바란다."22) 사람의 질병과 고통에 대해서 이성적이게 된다는 것은, 사람을 위한 모든 것 위에서 그 사람을 위한 모든 것들이 그 사람의 상태에 대해서 드러내는 것이 무엇인지 생각한다는 것을 의미한다. 아담의 죄의 결과와 효과가 죄에 떨어진 세상에서 사탄의 행동과 함께 영원히 지속되었듯이, 질병은 하느님에게서 갈라진 인간성의 비참을 분명히 보여준다.23) 사람은 타락과 몸의 고통 속에서 인간이라는 육적 존재

---

21) 『사랑에 관한 세기들』 II.42.
22) 『편지』 XXXI.2-3.
23) 보라, 1장 위쪽 부분에 있는 원죄에 관한 부분

의 약함과 이 세상에 존재하는 인간 실존의 덧없음, 그리고 일반적으로 말해서 인간의 연약함, 불완전성, 우연성과 개인적 한계를 경험한다.24) 몸의 질병은 완전히 죄에 떨어진 우리의 본성의 질병을 깨닫게 해준다. 건강을 잃는다는 것은 잃어버린 낙원생활에 관해 지각할 수 있는 표지와 상징으로 나타난다. 질병과 고통은 영혼을 몸의 한계 안에 국한시킴으로써 인간이 예전부터 가지고 있던 자기 충족성과 가득 차 있는 어떤 착각들과 인간이 당연하다고 생각하는 건강의 상태가 공급했던 환상들을 파괴한다. 그 환상들은 사람에게 그 환상의 빈곤의 정도와 심지어는 그것의 존재론적 결핍(창세 3,7)을 가르치며, 사람이 흙의 먼지라는 것을 깨우쳐준다(창세 3,19). 인간은 이제 더 이상 자기가 절대적 존재라고 생각할 수 없다. 인간의 근본적 교만이 부서졌기 때문이다. 성 요한 클리마코는 질병의 이런 긍정적 기능에 관해 다음과 같이 해설한다. "때때로 질병의 목적은 우리의 정신을 부끄럽게 만든다."25) 성 요한 크리소스토모도 이와 비슷한 얘기를 한다. "우리가 질병의 희생자라는 것은 우리의 유익함을 위해서이다. […] 왜냐하면 느슨해진 주의력이 이런 약함과 고난에서 어떤 치유를 발견함으로써, 교만이 우리 내부에서 자극되기 때문이다."26) 그리고 그는 다음과 같이 덧붙인다. "첫 인간이 교만에 의해서 모든 것을 빼앗기게 된"27) 태초에는 질병에 관한 보호수단이 결여되어 있었기 때문이다. 성 세라핌은 다음과 같이 더 간결하게 말한다.

---

24) 참조. 성 요한 크리소스토모의 『2티모테오서에 관한 강론집』 X.
25) 『영적 진보의 사다리』 XXVI.37. 다음 문헌들을 참조하라. 시리아인 성 이사악, 『금욕주의적 담화』 21; 성 니콜라오 스테타토스, 『세기들』 I.87.
26) 『안나스에 관한 강론집』, I.2.
27) 위의 책.

"질병 덕택으로 인간은 자기 자신으로 되돌아오게 된다."28) 질병은 우리 존재의 수준에서 우리의 기초를 위태롭게 하기 때문에 종종 이전의 신용할 수 없는 우리의 안정 평형에 이의를 제기한다. 그리고 우리 실존의 참된 기초에 의문을 갖도록 이끈다. 질병은 효과적으로 이 세상에 대한 우리의 열정적인 애착을 약화시킨다.29) 그리고 그렇게 하는 가운데 질병은 그런 성취에 관한 허영심을 드러내며, 그 집착들의 한계를 넘어서도록 이끈다. 성 니콜라오 스테파토스는 다음과 같이 진술한다. "질병은 영혼의 세속적 정감을 감소시킨다."30)

육신으로부터 영성적 이해력을 소원하게 만드는 이런 부담들에서 정화되고 고통으로 정련된31) 인간의 영성적 이해력은 또 다른 것, 즉 영성적 세계를 이해한다. 그리고 그 정화된 의지는 영적인 세계를 열망한다. 도스토예프스키는 이처럼 쓸 수 있었다. "건강한 사람은 항상 육신적이며 물질적인 사람이다. […] 그러나 그가 아프게 되는 순간, 그의 몸 기관의 정상적이고 육신적인 질서는 방해를 받으며, 그런 다음에는 또 다른 세계의 가능성이 즉시 자신을 사람에게 알린다. 그리고 질병이 악화되면서, 이런 세계와 그의 관련성은 더 밀접해지게 된다."32) 이런 전망에서 질병을 이

---

28) I. Goraïnov에 나오는 사로프의 성 세라핌, 「영성적 가르침들」(Pais, 1979), p.208.
29) 위의 책.
30) 『세기들』 I.87.
31) 도스토예프스키는 종종 양심을 발달시키고 자각시키는 고통의 능력을 강조했다. 『A Writer's Journal』(from the French, 『Le Journal d'un écrivain』, Paris: Gallimard, 1951, p.371)에서 그는 다음과 같이 결론을 이끌어 낼 수 있었다. "양심을 가지고 있는 사람은 저 참된 사실에 의해서 고통에 시달리는 사람이다."
32) 『죄와 벌』(from the French, Crime et châtiment, Paris: Gallimard, 1950,

해하고 경험할 때, 질병은 "죽음에 빠진 몸"(로마 7,24)의 무게 아래에서 사람을 짓뭉개버리지 않고 오히려 반대로 사람을 하느님 쪽으로 돌아서게 한다. 질병은 인간 실존의 목표이며 참된 원천으로서 하느님을 향해 인간을 이끌어 하느님과 재결합시킨다. 질병은 인간의 지성 - 말하자면, 인간과 하느님에 대한 세계의 참된 지식인 - 과 자신의 창조주의 의지와 일치시키는 인간의 의지력에 대한 지혜를 준다. 성 요한 크리소스토모는 다음과 같이 선언한다. "하느님은 우리의 가치를 떨어뜨리는 질병을 허락하지 않으신다. 왜냐하면 그분은 우리를 더 낫게, 더 현명하게 만들고 싶어 하시며, 또한 우리 구원의 기초인 그분의 의지에 더 순종하게 만들고 싶어 하시기 때문이다."[33]

섭리의 나타남

우리가 여지껏 말한 것에서 보면, 하느님의 섭리가 우리의 질병 안에서 작용하고 있다는 것은 분명하다. 그 섭리에 대해서 "철학적이 된다"는 것은 우리 자신에 관한 하느님의 목표와 의도를 발견하려고 노력한다는 것을 의미한다.

하느님은 모든 질병 안에서 우리의 구원에 대해서 우리에게 말씀하시며, 그것을 얻도록 우리를 도우시는 그분의 의지를 표현한다.

교부들이 종종 강조하는 질병은 신적인 교육학을 분명히 나타낸다.[34] 그들은 같은 마음으로 이렇게 덧붙인다. 즉 질병은 하느

---

p.342).
[33] 『안나스에 관한 강론집』 I.2.

님께서 죄 때문에35) 사람에게 부과하시는 교정을 표현한다는 것이다. 이 교정이 형벌이나 응징과 같은 부정적 의미로 이해되어서는 안 되며, 오히려 라틴어 동사 corrigere(바로잡다/고치다)가 표현하는 긍정적 의미, 즉 수정하다(correct), 개심시키다(reform), 개선하다(ameliorate) 또는 치유하다(heal)로 이해되어야 한다.36) 이런 전망에서, 교정이란 말은 하느님께서 의도적으로 병들게 하시거나 혹은 적어도 질병을 허락하시며, 어떤 경우에는 인간의 참다운 삶을37) 위해서 병에 걸리게 하신다는 뜻과 같다.38) 그것은 인간 내면에서 죄가 왜곡했거나 빗나가게 한 것들을 바로잡기 위함이며, 또한 인간의 영적인 질병에서 그를 치유하기 위함이다. 그래서 역설적으로 몸의 질병은 신적 섭리에 의해서 영혼의 치유를 촉진하는 구제책이 된다. 시리아인 성 이사악은 "질병과 몸의 고뇌에 의해서 괴로움을 겪는" 사람을 언급하며 이렇게 썼다. "너 자신에 대해 방심하지 말고, 참된 의사이신 하느님께서 너의 내부 인간의 건강을 위하여 너에게 보내주시는 수많은 구제책을 생

---

34) 참조, 예를 들어, 성 바르나누피오의 『편지』 515. 그리고 가자의 성 요한의 『편지』 643.
35) 참조. 예를 들어, 성 바르나누피오의 『편지』 78, 513, 515, 521, 613 그리고 가자의 성 요한의 『편지』 148.
36) 그리스 교부들이 보통으로 선택하는 용어는 paideia인데, 이것은 긍정적인 의미로서 '교육'을 뜻한다. 이 단어는 동사 paideuein에서 파생되며, "지시하다"(instruct), "양육하다"(raise), "가르치다"(train)를 의미하고, 또한 "수정하다"(correct)를 암시한다. Paideia는 paidagōgia와 연합되었으며, 그 의미는 각주 38에서 검토된다.
37) 참조. 예컨대 성 바르사누피오, 『편지』 521.
38) 우리가 주목해야 할 것은 'pedagogy'라는 용어가 그리스어 paidagogia와 그 외에 'education'에서 파생하였으며, 어떤 사람이 앓는 사람에게 베푸는 돌봄을 나타낸다. 알렉산드리아의 클레멘스는 그리스도를 'o paidagōgos'라고 불렀는데, 그 의미에는 교육하시고(educate), 지도하신다(direct)는 뜻만이 아니라 또한 질병을 치료하시는(treat) 분이라는 뜻도 있다.

각하라."39) 그리고 그는 이렇게 덧붙였다. "하느님께서 영혼의 건강을 위하여 질병을 불러들이신다."40)

그러므로, 질병을 수반하는 불쾌함과 고통과 고난은 의사가 사용하는 피할 수 없는 약의 부작용과 같은 것이라고 생각되어야 한다. 성 요한 크리소스토모가 주목하는 것은, 만약 우리가 그 부작용을 받아들인다면, 그만큼 더 하느님으로부터 오는 것들을 받아들여야 한다는 것이다. 왜냐하면 하느님께서는 의사가 제안하는 것보다 훨씬 더 근본적인 치료법 안으로 우리를 끌어들이시기 때문이다. 즉 "그 의사(하느님)는 목욕과 적절한 영양을 지시하시고, 환자에게 꽃밭에서 산책하라고 명하시는 의사이실 뿐만 아니라, 자신이 때로는 노여워하고 감정의 상처를 받는 분이시기도 하다. […] 그래서 하느님께서 모든 의사들을 합친 것보다 훨씬 더 우리를 사랑하신다는 것을 알면, 우리는 걱정할 필요도 없고, 그분이 채택하시는 수단을 해명하라고 요구할 필요도 없다. 오히려 그분이 너그러워지시거나 엄해지시기를 바라지 말고, 그냥 우리 자신을 그분께 내맡깁시다. 왜냐하면 그분의 소망은 늘 이런 수단들 중 어떤 것이든지에 의해서 우리를 구원하시는 것이고, 우리를 그분과 합일시키시는 것이기 때문이다."41)

같은 맥락에서, 성 요한 클리마코가 주목하는 것은 질병을 수반하는 고통이 어떤 특정한 약을 사용하면서 경험하는 것과 비슷하다는 것이다. 고통은 단지 주관적으로만 악이다. 그리고 고통은 객관적으로 그것이 영향을 미치는 사람에게는 좋은 역할을 한다.

---

39) 『금욕주의적 담화』, 8.
40) 위의 책, 5.
41) 『중풍환자에 대한 강론』, 2.

즉 바르게 말해서, 고통은 악이 아니라, 다만 자신의 선을 위해서 고통을 당하는 사람들의 눈에만 그렇게 나타난다. […] 그러나 실제로 유익한 무쇠와 불은 썩은 상처를 치료하기 위함일 수 있다. 그러나 쇠와 철을 사용하는 의사의 손길은 자비로울 수 있는데, 이런 사용이 환자의 눈에는 악으로 보인다. 모든 가르침은 항상 단련되어야 하는 사람에게는 쓰라릴 것이다. 그것은 마치 사도들이 다음과 같이 선언하는 것과 같다. "모든 훈육이 당장은 기쁨이 아니라 슬픔으로 여겨집니다. 그러나 나중에는 그것으로 훈련된 이들에게 평화와 의로움의 열매를 가져다줍니다"(히브 12,11).[42]

하느님께서는 우리가 필요로 하는 것이 무엇인지를 우리보다 더 잘 아신다.[43] 그분은 영적으로 가장 유익한 것을 우리에게 주신다.[44] 그분은 각 개인의 인격, 특수한 상태 그리고 독특한 상황에 가장 적합한 방법으로 각 개인을 치유하시고 구원하신다.[45] 그러기 위해서 그분은 종종 하나의 수단으로서 질병을 사용하시는데, 그 이유는 그 참된 본성 때문에 생긴 질병이 죄의 무기력한 상태로 떨어진 개인의 정신을 일깨우는 데에 특별히 적합한 도구이기 때문이다. 그런 까닭에 하느님은 인간의 몸을 괴롭히는 악의 덕목으로 그의 영혼을 괴롭히는 분명하지 않은 악을 깨닫게 하신다. 왜냐하면 그 육체적 고통이 없다면, 인간은 자신의 영혼의 상태에 무관심하게 될 것이기 때문이거나 혹은 어떤 경우에도 영혼에 덜 민감하게 될 것이기 때문이다.

---

42) 『종교 협의회』, VI.3.
43) 예컨대 다음 문헌들을 참조하라. 성 요한 크리소스토모, 『중풍병자에 대한 강론』 2; 성 바르사누피오, 『편지』 90; 가자의 성 요한, 『편지』 79.
44) 참조. 성 요한 크리소스토모, 위의 책; 성 바르사누피오, 『편지』 190, 223, 525.
45) 참조. 성 막시모, 『사랑의 세기들』 II.44.

이것이 성 요한 크리소스토모가 다음과 같이 말하는 관점이다. "보통으로 우리는 영혼이 아플 때는 고통을 경험하지 않지만, 이와 반대로 몸이 괴로우면 그 괴로움을 완화하기 위해 가능한 모든 수단을 사용한다. 이런 이유에서 하느님은 그 영혼의 죄 때문에 몸을 괴롭히시는 것이다. 그것은 최소의 고상한 고난을 사용하심으로써 그의 건강을 인간의 가장 고상한 면으로 회복시키시기 위함이다. 이것이 근친상간을 하는 코린토인들을 교정하는 성 바오로의 방법이다(1코린 5 참조). 즉 그는 자기 영혼을 구하기 위해서 자기 육욕을 억제한다. 그가 자기 몸에 새긴 자국은 그의 악덕을 치유한다."46) 이 성인은 우리를 게으름에서 깨닫게 하기 위해서, 우리 행위를 격려하기 위해서, 우리 주의를 자각시키기 위해서 영적인 차원에서 질병이 가지고 있는 힘을 어디에서든지 강조한다.47)

시리아인 성 이사악은 같은 맥락에서 다음과 같이 우리를 가르친다. "그래서 그들은 태만에 굴복하지 않는다." 그리고 "그들의 정신을 일깨우기 위해서, 인간의 위에서 지켜보시는 하느님은" 영혼이 병들기 전에 때때로 몸에 질병을 주신다. 그렇게 해서 그들이 하느님께 더 가까이 오도록 이런 수단으로 그들을 도우신다.48) 그리고 그는 반복해서 이렇게 설명한다. 하느님은 우리에게 "우리의 삶의 모습을 깨닫고" 그분의 나라를 얻기 위한 기회를

---

46) 『요한복음에 관한 강론집』 XXXVIII.1; 참조. 성 막시모, 『사랑에 관한 세기들』 II.44.46.
47) 『사탄에 관한 강론집』 I.5. 참조. 『시편에 관한 주석』 IV.3. 성 니체타스 스테타토스는 유사하게 다음과 같이 주목한다. "질병은 영혼의 힘을 더 강하고 더 열렬하게 만든다"(『세기들』 I.87).
48) 『금욕주의적 담화』, 21.

다양한 방법으로 주신다. 성 이사악은 이렇게 말한다. 스스로 의지적 고행으로 괴로움에 시달리는 사람, "이런 사람에게 하느님의 자비가 따라오고, 인류에 대한 하느님의 사랑은 그를 위로한다." 그는 덧붙여서 말한다. 그러나 자기 고유의 삶을 살기에 너무 약한 영혼들은 […] 하느님 친히 그들이 원하지 않는 고난을 겪게 하심으로써 덕으로 인도하신다. 그래도 이 두 번째 방법으로, 인간은 결국 첫 번째 경우처럼 같은 축복을 얻게 된다. 그래서 "가엾은 라자로는 자신의 자유의지의 태도로써 이 세상의 좋은 것을 빼앗기지는 않았지만, 그의 몸은 상처로 고통을 당했다. 그러나 세상 종말에 가서 그는 아브라함의 가슴에 안기는 영예를 받았다."[49]

영적 진보를 위한 기회

질병은 죄 때문이라고 말할 수 있는 두 가지 방법이 있다. 첫째, 질병은 아담의 후손에게 공통된 요인인 '원죄'의 결과로서 생기거나 혹은 개인적 죄의 결과로서 생긴다. 둘째, 질병은 죄로부터 인간을 정화하시는 하느님이 주시는 수단으로서 생긴다. 질병의 이런 '정화' 기능은 종종 교부들에 의해서 강조된다.[50] 교부들은 성 베드로의 다음 주장을 인용한다. "육으로 고난을 겪는 이는 이미 죄와 관계가 끊어진 것입니다"(1베드 4,1). 성 요한 크

---

49) 위의 책, 25.
50) 다음 문헌들을 참조하라. 성 막시모, 『사랑의 세기들』 I.76; 나지안조의 성 그레고리오, 『편지』 XXXI.3; 교회 원로인 성 일리아스, 『금언집』 I.9(P.G. 127.1129-1148과 G.E.H; 시인인 P.Sherrard와 K.Ware, 『미의 애호』, vol.3 (London: Faber, 1948,p.35)

리소스토모는 이렇게 말한다. "우리의 몸이 경험하는 고난, 질병, 건강이 안 좋은 것 그리고 고통은 […] 우리 죄의 용서라고 간주된다."51) 그리고 그는 이런 고난들을 "우리를 정화시키는 용광로"52)라고 본다. 성 바르사누피오는 그의 영적 아들들 가운데 하나에게 이렇게 썼다. "하느님이 너의 몸에 허락하시는 모든 고통은 너의 죄의 부담을 가볍게 해주는 역할을 한다."53) 암마 싱클레티카(Amma Syncletica)는 이와 비슷한 주제를 다음과 같이 가르친다. "만약 질병이 우리를 내리 눌러도 슬퍼하지 맙시다. […] 왜냐하면 이 모든 것들은 우리의 유익을 위한 것이며 우리의 욕망을 정화하기 때문입니다."54) 시리아인 성 이사악은 이와 유사한 의미로 다음과 같이 기록한다. "고난은 격정의 즐거움을 죽인다."55) 성 요한 클리마코스는 자신의 글에서 아래와 같은 점에 주목한다. "질병은 때때로 죄로부터 우리를 정화하기 위한 목적을 가진다."56) 비슷한 맥락에서, 성 요한 크리소스토모는 이렇게 역설한다. "고통은 죄 때문에 우리에게 부과되며, 그것은 죄로부터 우리를 해방하는 고통이다. […] 죄는 고통을 낳으며, 고통은 죄의 죽음을 초래한다."57) 그리고 거룩한 예언자 이사야는 이런 변화를 다음과 같이 기념한다. "보소서, 제가 겪은 큰 고통은 바로 저의 구원을 위한 것이었습니다"(이사 38,17).

---

51) 『채무자의 비유에 관한 강론』, 5.
52) 『중풍병자에 관한 강론』, 2.
53) 『편지』, 72.
54) B. Ward, 『사막교부들의 말씀들, 알파벳순의 전집』, London/Oxford: Mowbray's 1975, p.194-195.
55) 『금욕주의적 담화』, 27.
56) 『사다리』, ⅩⅩⅥ.37.
57) 『회개에 관한 강론집』 Ⅶ.6.

그리스도의 은총으로, 몸의 질병은 영혼의 병을 위한 치료요법 역할을 할 수 있다. 그렇기 때문에 원래는 인간의 죄의 결과였던 것이 인간의 구원을 위한 도구가 될 수 있는 것이다. 증거자 성 막시모는 그리스도께서 수난을 통하여 어떻게 고통의 의미를 변화시키셨는지를 이렇게 설명한다. 그런데 고통이 죄의 결과 - 어떤 의미에서는 우리 본성이 죄 때문에 지불해야할 빚 - 이기는 하지만, 그리스도께서 당신의 부당한 고통을 통하여 우리 죄를 꾸짖으시고 우리를 신적 생명에 접근할 수 있도록 허락하시는 수단으로 만드셨다.58) 인간은 세례를 통한 은총으로 그리스도의 수난, 죽음, 부활에 참여자가 된다. 인간은 자신의 개인적 실존이라는 배경에서 고통의 변형을 성취하는 능력을 성령으로부터 얻는다.

질병과 그에 따르는 고통은 종종 한 인간이 하느님 나라로 들어가기 위하여 통과해야 할 수많은 고난을 만든다(사도 14,22). 질병과 고통은 인간이 짊어지고 지탱해야 할 십자가로 이뤄져 있다. 그 질병과 고통은 그리스도를 가치 있게 만들기 위한 것이고, 그리스도께서 우리를 위해 열어놓으신 구원의 길에서 그분을 따르기 위한 것이며(참조. 마태 10,38; 16,24; 마르 8,34; 루카 9,23; 14,27), 세례를 통하여 그분에게서 은총을 가득히 받아 은총의 삶을 살기 위한 것이고, 각 개인이 그리스도와 참으로 닮기 위한 것이며, 그리스도와 함께 고통당하고 죽기 위한 것이고, 그리스도와 함께 영원한 친교 속에서 살며 다시 일어서기 위한 것이다(2코린 4,10-12). 성 마카리오는 이렇게 가르친다. "하느님의 아들이라 불릴 수 있고 성령으로 태어나신 그리스도를 닮고자 하는 사람은, 그것이

---

58) 『탈라시오스에 대한 질문들』 61, PG 90. 625D-641B.

육신적 질병이든, 아니면 인간에게서 오는 명예훼손이나 악담이든, 아니면 보이지 않는 영에게서 오는 공격이든 간에, 자신이 만나는 고난을 무엇보다도 먼저 용감하고 인내롭게 잘 참아야 한다."59) "그리스도의 고통을 맛보지 않고 그 중요성을 이해하는 것만으로는 영혼이 그분과 친교를 이룰 수 없다."라고 시리아의 이사악은 덧붙인다.60)

질병과 고통은 육신의 고행에－옛 아담이 이룩한 격정의 파괴에－공헌하기 때문에61) 육의 고행을 수반하는 질병과 고통은 격정을 제거하는 게 목적인 금욕생활(단식, 철야근행, 육체노동의 다양한 형태들)의 다양한 형태를 보여준다.62) 성 그레고리오 팔라마스가 이것에 관해 기록한 것처럼, 고통은 "몸의 죄를 죽이고 짐승 같은 격정을 일으키는 생각들을 누그러뜨린다."63) 결론적으로 질병과 고통은 금욕적 실천을 대신할 수 있다. 그래서 질병과 고통에 시달리면 금욕을 실천할 필요가 없게 된다. 그래서 성 싱클레티카는 이렇게 확언할 수 있었다. "땅바닥에서 단식하고 잠자는 것은 우리를 위한 쾌락에 대한 약 처방이다. 그러나 질병이 이런 쾌락들을 약화시키면, 이런 금욕적 실천을 위한 옹호가 더 이상 필요하지 않게 된다."64) 반대로, 전통적 금욕생활의 고통을 의도

---

59) 성 시몬 메타프라스테스(St. Symeon Metaphrastes), 『이집트의 성 마카리오 (St. Makarios of Egypt)의 강론에 대한 의역』 129; 시인 Sherrard, Ware, 『미의 애호』, vol. 3(London: Faber & Faber, 1984), p. 342.
60) 『금욕생활에 관한 담화』, 5.
61) 예컨대 다음 문헌들을 참조하라. 『금언집, 알파벳 순., Syncletica』 10; 성 막시모, 『Questions to Thalassios』 47; PG 90. 428a; 사로프의 성 세라핌의 『영성지도』, 위의 인용문.
62) 『Syncletica』 10; 성 요한 크리소스토모, 『안나스에 대한 강론집』 I.2; 성 바르사누피오, 『편지』 348; 성 요한 카르파티오스의 『세기』 68.
63) 위의 인용문.

적으로 취하는 사람은 종종 질병이 일으키는 것들에 해를 입지 않는다.65)

하느님께서는 인간의 죄와 격정을 정화하는 데 질병을 사용하시면서 동시에 인간이 미덕을 향상시키기 위해서, 그리고 미덕에 대한 방법을 재발견하도록 허락하신다.66) 성 요한 크리소스토모는 "하느님께서 우리에게 고난을 주시면 주실수록, 그만큼 그분은 우리를 완전하게 하신다."67)라고 기록한다. 실제로 질병과 그에 수반되는 고통은 다른 고난과 함께 일반적으로 미덕과 덕스러운 생활을 얻기 위한 상태가 되는 것으로 나타난다. 시리아인 성 이사악은 이 점에 대해서 아래와 같이 썼다. "우리가 미덕을 사랑하면, 몸이 질병으로 고통을 받지 않는다는 것은 불가능하다."68)

그리스도인은 질병 중에 우선 자신의 믿음을 강화하고 보여주는 기회를 발견하게 된다. 성 치프리아노는 주장한다. "우리를 하느님을 모르는 사람들과 구별시켜주는 것은, 하느님을 모르는 사람들은 자신의 불행에 대해서 투덜거리고 불평한다는 것이다. 반면에 우리를 위한 고난은 진정한 믿음과 참된 용기에서 우리를 멀어지게 하는 대신에, 오히려 고통을 통하여 우리를 강화한다. 그래서 우리가 애간장을 끊는 듯한 눈물을 흘리며 기진맥진하거

---

64) 위의 인용문. 다음 문헌들을 참조하라. 성 바르사누피오, 『편지』 23, 77, 79; 성 요한 카르파티오스, 위의 인용문; 다마스코스의 성 요한의 『미덕과 악덕에 관하여』; 『미의 애호』, 앞에 든 저서 중 vol 2, p. 334-342; 사로프의 성 세라핌, 『영적 지도』, 위의 인용문. 이것은 가자의 성 도로테오가 자신의 영적 자녀인 Dositheus가 아프게 되었을 때 단식의 요구를 줄이는 이유이다(『성 도시테오(St Dositheus)의 생활』, II).
65) 참조. 시리아인 성 이사악, 『금욕생활에 관한 담화』 24와 34.
66) 위의 책, 25.
67) 『라자로에 관한 강론집』, VI.8.
68) 『금욕생활에 관한 담화』, 4.

나 혹은 격렬한 내적 울화가 위장에서부터 목에 이르기까지 우리를 파괴하거나 혹은 우리의 힘이 구토증으로 계속해서 진이 빠지거나 혹은 무엇인가가 우리 두 눈을 찔러 피를 흘리게 되거나 혹은 몸이 탈저증으로 썩어가서 우리 몸의 일부를 강제로 절단하게 되거나 혹은 어떤 병세가 다리와 눈과 듣는 기능을 갑자기 못쓰게 만들게 하든지, 이 모든 고난들은 우리의 믿음을 심화하기 위한 많은 기회들인 것이다."69)

두 번째로, 질병은 우리에게 인내라는 근본적인 덕을 얻기 위한 기회를 주며70), 심지어는 그 인내의 높은 경지에 이르게 한다. 왜냐하면 성 요한 크리소스토모가 표현하는 것처럼, "만약 인내심이 일반적으로 다른 미덕들에 대하여 탁월하다면, 고통 속의 인내심은 인내에 관한 다른 모든 형태들에 관해서도 탁월하기 때문이다."71) 그리고 성인은 이 점을 더 설명한다. "질병이 모든 악들 중에 가장 참을 수 없는 것이듯이, 고통을 참음으로써 인간은 첫째로 인내의 덕을 보여주는 것이다."72)

이런 방식으로 획득된 인내심은 수많은 영적 은혜의 원천이 된다.73) 실제로, 다른 많은 덕목들의 원천은 우선 희망인데, 성 바오로가 선언하듯이, "고통은 인내심[hypomonē, 종종 '확고한 참을성'으로 보답한다]을 생기게 한다. 그리고 인내심은 성격을 만들고, 성격은 희망을 만든다"(로마 5,3-4).

---

69) 『죽음에 관하여』, 13-14
70) 참조. 나지안조의 성 그레고리오, 『편지』 XXXII.1.
71) 『올림피아드에 보내는 편지』, IV. 2;『중풍환자에 대한 강론』, 1.
72) 『중풍환자에 대한 강론』, 1.
73) 참조. 성 요한 크리소스토모, 『올림피아드에 보내는 편지』 IV.3; 성 바르사누피오, 『편지』 189.

질병은 또한 겸손, 특히 아직 영적 생활의 높은 경지에 도달하지 못한 사람들을 위한 겸손74)의 원천으로 나타난다. 포티케의 성 디아도쿠스(St. Diadochus of Photike)는 이렇게 설명한다. "신심의 영역에서 경기자가 영적 경험의 중간 단계에 있는 한, 그를 겸손의 발달로 인도하는 몸은 아직 허약하다."75) 그리고 비슷한 맥락에서, 성 니체타스 스테타토스는 이렇게 쓴다. "질병들은 덕스러운 생활의 첫 단계에 있는 사람들에게 유용하다. 질병들은 그들이 육의 타는 듯한 욕구를 없애고 겸손해지는 것을 돕는다. 왜냐하면 질병은 육의 활력을 약화시키고 영혼의 세속적 유혹을 감소시키기 때문이다."76)

게다가 질병에 수반되는 고통은 참회하게 하고77) 쉽게 뉘우치게 한다.78) 그리고 영혼은 기도를 향해 잘 준비된다.79) 이런 지속적 효과는 특히 많은 결실을 맺는다. 왜냐하면 그 효과들은 본질적으로 모든 영적 생활을 자극하기 때문이다. 그럼에도 불구하고 걱정의 정화, 다양한 영적 은혜와 함께 덕의 획득은 질병 자체의 효과도 아니며, 질병에 수반되는 고통의 효과도 아니라는 사실을 분명히 할 필요가 있다. 오히려 이런 효과들은 질병이라는 틀 안에서 주어지는, 하느님으로부터 오는 선물이다. 그래서 이런 선물에서 이득을 보는 인간을 위하여, 각 개인은 적당한 태

---

74) 다음 문헌들을 참조하라. 성 요한 크리소스토모, 『안나스에 대한 강론집』 I.2; 성 요한 클리마코, 『사다리』, XXVI.37; 신신학자 성 시메온, 『교리문답집』 XXV. 158-159.
75) 100장 95. 참조. 성 니체타스 스테타토스, 『세기들』 I.87.
76) 『세기들』 I.87.
77) 성 요한 크리소스토모, 『참회에 관한 강론집』 VII.6.
78) 참조. 성 그레고리오 팔라마스, 『3화음』 II .2.6.
79) 같은 책.

도, 즉 그 선물을 받을 준비가 되어 있는, 그리고 하느님을 향해 돌아설 수 있는, 하느님의 은총에 자신을 개방할 수 있는, 그리고 그 은총과 동화되려고 애쓰는 태도를 가질 필요가 있다. 인간이 하느님의 일에 적극적으로 협력하는 것은 필수적이다. 모든 인간의 목적은 자신의 영적 진보와 구원을 촉진하는 것이다.

질병은 아주 현실적 시련으로 이루어져 있다.[80] 질병은 시련을 당하는 사람을 욥의 상황 안에 놓는다.[81] 왜냐하면 욥은 사탄에 의해서 하느님을 저주하라는 유혹을, 혹은 교만의 태도로 자신으로 돌아섬으로써 혹은 자신을 유혹하는 다양한 걱정으로 자신을 포기함으로써 적어도 하느님과 이별하거나 하느님과 거리를 두라는 유혹을 받기 때문이다. 그런 까닭에 하느님은 인간이 하느님께 완전히 헌신한다는 것을 보여줄 기회를 주시고 싶어 하신다. 그리고 정확히 말해서, 하느님은 자신의 시련을 극복하는 인간의 노력의 수단으로써 인간 고유의 신적 생명과 더 가깝게 결합하기 위해서, 하느님이 인간에게 허락하시는 그런 덕을 충분히 얻을 기회를 주신다.

하느님의 도우심과 인간의 공헌

승리를 얻은 테스트에서 벗어나기 위하여, 그리고 승리의 열매를 즐기기 위하여, 인간은 우선 수동적으로 질병과 그 고통에 복종하는 것을 피해야 한다. 그리고 자신이 질병에 맞아 쓰러지고

---

[80] 참조. 성 바르사누피오, 『편지』 74, 78; 시리아인 성 이사악, 『금욕생활에 관한 담화』 8. 29; 성 시메온 메타프라스테스, 『의역』 136.
[81] 참조. 나지안조의 성 그레고리오, 『기도』 XIV.34; 성 바르사누피오, 『편지』 74,

그에 휩싸이고 지배당하는 것을 허락하지 말아야 한다. 반대로, 인간이 하느님의 도움을 받으리라고 기대하면서 강력하게 경계의 태도를 유지할 수 있는 모든 가능한 것을 취하는 것이 필수적이다. "인간은 굴복하지 않기 위해서 싸워야 한다. 그러면 그는 필요한 도움을 받게 될 것이다."라고 성 바르사누피오는 가르친다.[82] 그리고 그는 전에 자신을 괴롭혔던 질병에 관해서 이렇게 고백한다. "말할 수 없이, 나는 힘을 빼앗겼다. 그러나 나는 굴복하지는 않았다. 그리고 나는 주님께서 나를 강하게 해주실 때까지 계속 싸웠다."[83]

아픈 사람은 하느님께서 이런 시련을 주심과 동시에 또한 그것을 극복할 수단도 주신다는 것을 이해해야 한다. 그리고 우선 그분은 적의 유혹에 저항하는 데 필요한 힘을 주신다. 그래서 성 바르사누피오는 이렇게 조언한다. "절대로 굴복하지 맙시다. 우리는 우리 이상으로 우리의 연약함을 더 잘 아시는 자비로우신 하느님을 모시고 있습니다." 그리고 만약 우리를 시험하시기 위해서 그분이 질병을 주신다면, 적어도 우리는 "하느님은 약속을 지키시는 분이시며, 그분은 여러분이 힘에 부치는 유혹을 당하도록 하지는 않으시는 분이시지만, 또한 유혹에서 벗어나는 방법을 주실 것입니다. 그래서 여러분은 그 유혹을 잘 견딜 수 있을 것입니다.(1코린 10,13)"[84]라고 말씀하시면서 우리에게 위로를 주시는 사도를 모시고 있습니다. 그리고 만약 하느님의 도움이 더디 온다면, 우리는 그 어떤 경우에건 그 시련이 무한히 지속되지는 않을

---

82) 『편지』 347.
83) 『편지』 512; 참조. 74.
84) 『편지』 74,

것임을 알아야 한다. 그리고 하느님은 도움의 수단도 없이 인간을 내버려두지 않으신다는 것을 알아야 한다. 이것이 성 바르사누피오가 다음과 같이 충고를 주는 이유이다. "인내의 한계점에 이를 때까지 주의하십시오. 절대로 실망하지 말고, 낙담하지 마십시오. 왜냐하면 하느님은 가까이 계시면서 이렇게 말씀하시기 때문입니다. '나는 너를 실망시키지 않을 것이며, 너를 저버리지도 않을 것이다'(히브 13, 5)"[85]

만약 하느님께서 가끔 우리를 포기하시는 것처럼 보일지라도, 그것은 단지 우리에게 믿음, 희망, 인내와 이런 상황에서 자신을 분명히 보여줄 수 있는 다른 모든 덕목으로 더 강화하는 기회를 주시기 위함이다. 이런 이유 때문에 아픈 사람이 하느님으로부터 즉각적인 치유를 받지 못한다 하더라도, 영적으로 더 유익해질 수 있는 것이다. 성 바르사누피오는 자기에게 치유를 중재해줄 것을 요청했던 자신의 영적 자녀들 중의 하나에게 이렇게 털어놓았다. "내가 기도하기 시작했을 때, 주님은 나에게 이렇게 말씀하셨다. '그의 영혼의 은혜를 위해서, 심지어는 육신적 고통의 수단을 써서라도 내가 그를 시험하도록 내버려둬라. 그러면 나는 그의 참을성의 수준을 알 수 있을 것이며, 그가 자신의 기도와 고통의 응답으로 어떤 보상을 받아야 할지도 알 수 있을 것이다.'"[86]

아픈 사람은 자신의 상태에서 연유하는 연약함 때문에 실망하지 않도록 자신을 더욱 더 보호해야 한다. 왜냐하면 그 상태는 영적 투쟁에 전혀 장애가 되지 않기 때문이다. 오히려 성 바오로가 가르치는 것처럼, 하느님이 당신의 힘을 드러내시는 것은 약

---

[85] 『편지』 74; 참조. 가자의 성 요한, 『편지』 79
[86] 『편지』 513; 참조. 가자의 성 요한, 『편지』 76, 79, 80.

함에 있는 것이다. 성 바르사누피오는 질병의 시련을 건뎌내야 할 그의 제자중 하나에게 같은 점을 주장했다. "질병 중에 용기를 잃지 맙시다. 왜냐하면 사도께서 이렇게 말씀하셨기 때문입니다. '내가 약할 때에 오히려 강하기 때문입니다'(2코린 12,10)."[87]

하느님은 아픈 사람을 돌보신다. 그분은 아픈 사람을 보호하시며 도와주신다. 왜냐하면 그분은 아픈 사람의 어려운 상황을 충분히 아시기 때문이다. 시리아인 성 이사악은 이렇게 쓴다. "하느님은 고난 속에서 당신을 부르는 그 고통스러운 마음 가까이에 계신다. 만약 하느님이 몸의 수준에서 그를 위해 노력하지 않으신다면, 혹은 그분 자신이 그 사람을 어떤 다른 수단으로, 그러나 인간을 사랑하기 때문에 그 사람을 괴롭히신다면, 하느님은 그가 겪는 고통의 어려움만큼이나 그의 영혼 속에서 그를 사랑하신다."[88] 이런 이유로, 질병을 짊어진 그 사람은 걱정하지 말고, 오히려 "위로부터 오는 거룩한 힘을 숙고해야 한다."[89] 그리고 충분한 신뢰심을 가지고 자신을 버려야 한다. 성 바르사누피오의 충고에 따르면, "그대는 하느님을 알기 때문에 두려워하지 말고, 그대의 걱정을 하느님 손에 맡겨라. 그러면 그분은 그대를 돌보아 주실 것이다."[90] 만약 죽음에 이르는 질병이라 하더라도, 우리는 아직 두려워할 필요는 없다. 왜냐하면 성 바오로가 가르치는 것처럼 - 성 바르사누피오가 어떤 아픈 형제에게 한 말씀 중에 나오듯이 - "우리의 이 지상 천막집이 허물어지면 하느님께서 마련하신 건물 곧 사람 손으로 짓지 않은 영원한 집을 하늘에서 얻습니다."(2코린 5,1).[91]

---

87) 『편지』 74,
88) 『금욕적 생활에 관한 담화』 25
89) 가자의 성 요한, 『편지』 76.
90) 『편지』 75,

인내의 중요성

인간을 괴롭히는 그 고통에도 불구하고, 아픈 사람은 우선 인내의 덕을 보여주어야 한다. 이 덕은 하느님으로부터 오는 선물이긴 하지만, 인간 자신의 노력을 통해서만 획득될 수 있는 것이다. 그 사람은 하느님께서 인내심을 주시기를 청하면서, 그 인내심을 얻도록 노력해야 한다.

질병이라는 시련이 어려운 것은, 종종 그 질병의 강도보다는 다양한 수준에서 야기되는 불쾌함과 함께 그 고통이 지속되는 시간의 길이 때문이다. 바로 여기에서 악마는 종종 그 영혼에게 낙담, 슬픔, 지루함, 짜증, 귀찮음, 절망, 반항심 등의 생각으로 침투한다. 그래서 교부들은 우선 인내, 견디어냄, 꿋꿋함의 태도를 권하며, 그리스도와 사도들의 수 많은 가르침에 관하여 언급한다. 가자의 성 요한은 그의 아픈 형제들 중 두 사람에게 다음과 같은 말을 생각하게 했다. "주님은 이렇게 말씀하셨다. '너희는 인내로써 생명을 얻어라'(루카 21,19). 그리고 사도는 이렇게 말했다. '여러분이 하느님의 뜻을 이루어 약속된 것을 얻으려면 인내가 필요합니다'(히브 10,36). 그리고 예언자들도 이렇게 선언했다. '제가 인내롭게 주님을 기다렸더니 그분은 제게 말씀하셨나이다'(시편 40,1). 그 외에도 사랑스러운 주님이 이렇게 말씀하셨다. '끝까지 견디는 이는 구원을 받을 것이다'(마태 10,22). 그러므로 너희 둘은 인내로이 꿋꿋히 있어라!"[92]

성 바르사누피오는 그의 두 형제들 중 하나에게 같은 충고를 하

---

91) 위의 책.
92) 『편지』 76.

였다. "꿋꿋합시다. 다른 이를 도와줍시다. 그리고 '환난 중에 인내하십시오'(로마 12,12)라고 말씀하신 사도들의 제자가 됩시다."[93] 그리고 그는 어디에서나 질병이 어떤 사람에게 참으로 은혜롭다는 것을 그가 보여줄 수 있는 것은 본질적으로 인내를 통해서라고 가르쳤다.[94] 그래서 그는 어떤 앓는 형제에게 이렇게 썼다. "만약 당신이 시련 중에 꿋꿋하지 않으면 십자가에 올라갈 수 없을 것이다. 그러나 만약 그대가 먼저 이런 시련들을 견디어낸다면, 그대는 그분이 주시는 안식의 은신처로 들어가게 될 것이다. 그러면 그대는 그때부터 걱정에 시달리지 않고 평화로이 살게 될 것이고, 그대의 영혼은 강해질 것이며, 모든 것들을 통하여 주님과 결합될 것이다. 그대는 믿음에 빈틈이 없게 될 것이고, 희망으로 기뻐하게 될 것이며, 자비심으로 풍요로워질 것이고, 거룩하신 삼위일체 하느님에 의해서 보호받을 것이다."[95] 그리고 그분은 "각종 질병과 열병들과 고난들을 견디어낸" 후에야만 그분 자신이 평온의 안식처로 들어갔다는 것을 우리에게 드러내신다.[96]

기도의 본질적 역할

아픈 사람이 하느님 쪽으로 방향을 돌리는 것은 주로 기도에 의해서이며, 그는 적절한 태도를 취함으로써 하느님으로부터 자기

---

93) 『편지』 74.
94) 『편지』 189.
95) 『편지』 2; 참조. 613.
96) 『편지』 189.

에게 필요한 도움과 자신의 생명을 풍요롭게 할 수 있는 영적 선물을 받을 수 있다.

시리아인 성 이사악은 이렇게 쓴다. "기도는 우리가 아플 때에 가장 강력한 도움이 된다."97) 하느님께서는 그런 상황에서 아픈 사람이 외치는 소리에 응답하시며, 당신에게 비는 사람의 고통에 깊이 동정하신다고 성 이사악은 덧붙인다.98) 그러나 하느님이 주시는 도우심이 항상 병을 치유하거나 고통을 완화하는 것은 아니다. 우리가 전에 지적한 대로, 하느님은 우리를 위해서 영적으로 가장 좋은 것을 주신다. 이런 관점에서, 건강의 회복은 때로 은혜롭다. 그러나 때로는 계속 아픈 것이 더 큰 은혜를 받게 될 섭리적 기회가 된다.

성령의 비추임을 받은 성인들은 이 점을 잘 안다. 그리고 자신들의 기도에서 때로는 고통의 제거와 치유를, 때로는 질병을 통해서 향상되거나 획득될 수 있는 여러 덕들을 간구한다. 그래서 예컨대 성 바르사누피오는 이렇게 얘기한다. 그의 제자인 "수도원장 세리도스(Seridos)가 어느 날 심하게 아팠으며, 쉽게 가라앉지 않을 고열로 시달렸다. 그러나 그는 하느님께 자기를 치유시켜 주십사고 청하지 않았으며, 심지어 자기 고통을 감소시켜 달라고 청하지도 않았다. 그는 다만 하느님께서 자기에게 참을성과 감사의 정신을 주시기를 청했다."99) 이런 인식이 부족할 때에도, 앓는 사람은 하느님께서 자기를 위해 가장 좋은 것을 주시도록 기도해야 한다. 그리고 완전한 신뢰심을 가지고 하느님의 의지에

---

97) 『금욕주의적 생활에 관한 담화』 21.
98) 위의 책.
99) 『편지』 570 부분.

굴복해야 한다. 아픈 사람은 자기가 치유되기를 의식적으로 간청하면서 단지 자기 자신의 의지가 실현되기만을 구한다. 왜냐하면 인간적 의지는 항상 통증과 고통의 감소를 바라기 때문이다. 그러나 어떤 사람의 질병은 그에게 하느님의 의지를 자기의 의지보다 먼저 받아들이라고 가르친다. 그는 이를 통하여 자기의 자아 중심적 사랑에서 자신을 해방시키는 법을 배울 수 있다. 이것이 바로 하느님께서 환자의 치유를 지연시킴으로써 그에게 바라시는 것이다. 이는 그 사람의 의지를 하느님의 의지에 일치시킴으로써 그 사람을 하느님과 더 친밀하게 결합시키기 위한 것이다.

성 요한 크리소스토모는 반복해서 이렇게 기록한다. 하느님이 우리의 기도에 더디 응답하시는 것은, 우리가 먼저 결론짓는 것과는 달리, 실제로는 그분의 호의와 걱정의 표시를 나타내는 것이다.[100] 왜냐하면 하느님은 우리에게 가능성을, 정확하게 말해서 그분이 우리에게 주신 그 기다림의 시기에 우리 덕목들의 완전한 범위를 드러낼 가능성을 주고 싶어 하시기 때문이다.[101] 크리소스토모는 마태오복음의 구절(15,21-32)로 우리의 주의를 끈다. 그 대목에서 우리는 예수께서 당신에게 말씀드리는 가나안 여인의 기도들을 여러 번 거절하시는 것을 본다(사도들이 말한 그 내용들을 그분이 거절하시는 것처럼). 그런 다음에 그분은 비로소 그 여인의 아픈 딸을 치유해주셨다. 그러나 그 후에 그분은 당신 발치에 데려다 놓은 아픈 사람들의 무리를 즉각 치유해주셨다. 성 요한은 이렇게 기록한다. "그분은 그 가나안 여인의 간청을 여러 번 거

---

100) 참조.『회개에 관한 강론집』 III.4;『창세기에 관한 강론집』 XXX.5-6; XLI X.1;『성주간에 관한 강론집』 5-6;『마태오복음에 관한 강론집』 XXIII. 4,L II.3;『에페소서에 대한 강론집』 XXIV.3.
101) 위의 책.

절하신 후에야 비로소 그의 청원에 응답하셨다. 그러나 이와 반대로, 그분은 모든 아픈 사람들이 그에게 나타난 순간 이 모든 아픈 사람들을 치유해 주셨다." 그리고 복음사가는 이 각각의 모순적 상황에 관하여 언급함으로써 각 상황에 응답하시는 그리스도의 방법을 이렇게 설명한다. "그것은 그 아픈 사람들의 무리가 그 가나안 여인보다 더 나아서가 아니라, 오직 이 여인이 그 모든 사람들의 믿음을 합친 것보다 더 많은 믿음을 가지고 있었기 때문이다. 이렇게 예수께서 치유를 미루심으로써 그녀의 관대함과 충만한 믿음을 다른 사람들에게 드러내시고 싶으셨다."102) 우리의 간청에 대한 응답으로 즉각 치유를 받지 못한다는 것이 기도를 포기하는 이유와 절망의 원천이 되기보다는 훨씬 더 큰 은혜를 받으리라는 희망의 이유로 받아들여야 한다. 그래서 결론적으로 그것은 우리의 청원 속에 있는 더 큰 인내를 위한 동기의 역할을 한다고 봐야 한다.

사람이 자신을 하느님과 결합하는 것은 우선 기도라는 수단에 의해서이다. 그리고 하느님께서 끊임없이 주시는 은총에 자신의 마음을 여는 것도 기도라는 수단에 의해서이다. 그리고 하느님으로부터 모든 도움, 힘과 축복을 받는 것도 기도라는 수단에 의해서이다. 이런 이유 때문에, 기도는 아픈 사람의 주요 행동이 되어야 한다. 가자의 성 도로테오는 자신의 제자 도시테오(Dositheus)가 앓는 동안에 그 젊은 수도자가 기도 속에 꿋꿋하게 서 있을 수 있는지를 아는 것을 우선으로 생각했다. 도로테오는 "제자 도시테오가 아팠을 때, 그에게 이렇게 말했다. '도시테오야, 기도에

---

102)『마태오복음에 관한 강론집』L II.3.

주의를 집중해라. 그리고 네가 그 기도하는 마음을 잃지 않도록 주의해라.' 그러자 도시테오가 이렇게 대답했다. '네, 스승님, 저를 위해 기도해 주십시오!' 다시 그 제자가 시련에 어느 정도 넘어졌을 때, 도로테오가 그에게 물었다. '그래서 도시테오야, 기도는 어떻게 하고 있느냐? 아직도 기도하고 있느냐?' 그랬더니 도시테오는 이렇게 대답했다, '네, 스승님, 스승님의 기도에 감사드립니다.'"103)

그러나 아픈 동안에 바치는 기도는 간청하는 데에 국한 되어서는 안 된다. 그리고 기도는 또한 감사를 포함해야 한다. 교부들은 우선 이 후자의 측면을 주장한다.104) 교부들은 자기들이 반복해서 읽는 성 바오로의 말씀에 근거해서 아래의 훈계를 한다. "모든 일에 감사하십시오. 이것이 그리스도 예수님 안에서 살아가는 여러분에게 바라시는 하느님의 뜻입니다"(1테살 5,18). 감사기도에는 한편으로는 대체로 질병이라는 특별한 상황에 관한 하느님의 축복에 대해 감사드리는 것이 내재해 있으며, 다른 편으로는 그분을 찬미하는 것이 내재해 있다.105) 그리스도께서는 우리에게 이렇게 가르치셨다. 즉 감사는 인간들의 질병의 궁극적 목적이어야 하며, 모든 질병은 하느님께 영광을 돌리는 데 사용되어야 한다는 것이다. 라자로의 질병에 관하여 그리스도께서는 이렇게 말씀하셨다. "이 병은 죽을병이 아니다. 그것은 하느님께 영광을 드

---

103) 『성 도시테오의 삶』 10.
104) 예컨대 다음 문헌들을 참조하라. 성 바르사누피오, 『편지』 2, 72, 74-78, 189, 510, 515, 570, 부분; 가자의 성 요한, 『편지』 76, 80, 123, 384; 시리아인 성 이사악, 『금욕적 담화』 5.
105) 참조. 오리게네스, 『기도에 관하여』 14. 33; 성 요한 카시아노, 『종교 협의회』 IX. 14, 15.

리기 위한 것이다. 그래서 하느님의 아들은 질병이라는 수단으로 영광을 받을 수 있다"(요한 11,4). 이 말씀은 라자로와 같은 상황에 놓여 있는 모든 사람에게 똑같이 적용된다. 이 말은 이런 식으로 이해될 수 있다. 즉 몸의 질병이 영혼의 죽음을 초래하지는 않으며, 또한 몸의 궁극적 죽음을 야기하지도 않는다. 그것은 인간이 하느님과 그분의 아드님의 영광을 찬양하는 데 사용되어야 한다. 하느님의 아드님은 모든 인간의 고난을 치유하시러 성부 하느님의 이름으로 오셨다. 이 구절의 두 번째 해석도 가능하며, 그것은 첫 번째를 확인하는 역할만 한다. 즉 이루어질 수 있는 질병과 죽음의 치유를 통해서, 하느님은 당신의 아드님의 위격 안에서 당신의 힘을 보여주시고, 성자 안에서 성자에 의해서 우리는 하느님의 영광을 드러내도록 소명을 받는다. 우리는 장님으로 태어난 사람과 연관된 그리스도의 다른 가르침을 같은 방식으로 이해할 수 있다. 즉 이 사람은 병을 가지고 태어났다. 그것은 "하느님의 일이 저 사람에게서 드러나려고 그리된 것이다"(요한 9,3). 그 '하느님의 일'은 그리스도에 의해서 이루어지는 영혼과 몸의 치유를 포함하지만, 몸과 영혼은 또한 모든 질병과 허약함을 통해서 모든 질병과 허약함 안에서 이루어진 하느님 찬양에 대해서 말해준다.

모든 형태의 기도는 하느님만 바라보고 있는 아픈 사람에게 힘을 줄 수 있으며, 그 사람이 그 고통을 초월하게 하여 더 이상 고통을 겪지 않는 곳에 이르도록 한다. 성 바르사누피오는 어떤 아픈 형제수사에게 이렇게 썼다. "만약 그대의 정신이 마땅히 있어야 할 곳에 있다면, 심지어 독사와 전갈에 물린다 해도 그것이 그대에게 신체적 고통을 줄 수 없을 것이다."106) 그리고 팔라디오는 리비아인 스테파노의 경우를, 즉 그의 몸이 완전히 깨어 있는 상태에서 수술을 받으면서도 특별히 민감한 몸의 어떤 부위에 전혀 고통을 겪지 않았던 경우를 이렇게 인용한다. "그는 마치 다른 사람이 수술을 받고 있는 것처럼 행동했다. 비록 그의 지체들이 완전히 절단된다 하더라도, 그는 그저 어떤 사람이 머리털을 자르는 정도인 것처럼 고통에서 자유로워 보였다. 그는 하느님의 은총으로 힘차게 버티었다."[107] 그러나 그런 경우, 물론 드물기는 하지만 영혼은 연결되어 있는 몸에서 완전히 독립적인 것으로 나타난다. 대부분의 성인들을 포함한 사람들 대다수의 영적 운명은 자신들의 고통을 하느님 안에서 떠맡아야 하는 것이다.

항상 고통이란 것은 너무도 커서 사람에게서 꾸준히 기도하는 데에 필요한 모든 힘을 빼앗아간다. 그리고 기도는 더 이상 그 평범한 모습으로 수행될 수 없게 된다. 이런 경우에 아픈 사람은 오직 하느님의 현존 안에서 침묵할 수밖에 없다. 그리고 하느님이 남겨주신 아주 작은 힘으로 하느님께 뻗어나가, 자신을 내부 깊숙한 곳에 있는 하느님께 결합시키려고 한다. "성 도시테오가 몹시 괴로움에 시달리던 때 – 그는 모포에 들려 주위로 운반되어야 할 정도로 몹시 쇠약해졌다 – 도로테오가 그에게 이렇게 말했다. '도시테오, 요즘 기도는 어떻게 하는가?' 그는 대답했다. '저를 용서해 주십시오. 저는 이제 더 이상 기도할 힘도 없습니다.' '그렇구나. 기도에 대해선 걱정하지 마라.' 스승이 그에게 대답했다. '단지 하느님 생각만 해라. 그리고 그분께서 너와 함께하신다는 것을 명심해라.'"[108]

---

106) 『편지』 514.
107) 『찬미의 역사』 XXIV.2.

고통이 극심한 경우에, 의식은 종종 영혼의 기능을 혼란시킬 정도로 망상에 사로잡혀 괴롭힌다. 그러면 우리는 십자가에 못 박혀 "아버지, 제 영을 아버지 손에 맡깁니다."(루카 23,46)라고 말씀하시는 예수님을 본받으며 하느님의 손에 자기를 온전히 포기하는 태도로 개인적 무기력함과 완전한 공백상태를 받아들이는 것 외에는 아무 것도 할 수 없게 된다. 이러한 자기 포기의 행위는 말로도 안 되고 생각으로도 안 되며, 오직 깊은 마음속에서만 이루어진다. 하느님 안에서 살아갈 때, 몸과 영혼의 불행은 영적 가난의 한 형태가 된다. 이런 상황에서 우리에게 부족한 것이 무엇이든 간에, 그리스도께서 우리에게 해 주시는 것은 우리가 이런 상황에서 말할 수 없는 것, 성령께서 우리를 위해 말씀해 주시는 것, 즉 "아빠, 아버지!"이다(로마 8,15).

거룩함으로 가는 길

아플 때 교부들이 추천하는 모든 태도 가운데에서 인내와 감사가 우선이다.[109] "가자의 성 요한은 하느님께서는 감사와 참을성 이외에는 아무것도 아픈 사람에게 요구하지 않으신다는 것을 단언하는 데까지 이른다."[110] 환자는 영혼의 이 두 가지 기질에 의하여 금욕생활 실천의 가장 높은 형태들 중의 하나와 참된 영적

---

108) 『성 도시테오의 삶』 10.
109) 성 바르사누피오, 『편지』 2, 72, 74, 189, 512, 613, 770; 가자의 성 요한, 『편지』 76, 80.
110) 『편지』 123.

통로를 깨달을 수 있다. "이것이 금욕생활의 가장 큰 형태이며, 그래서 우리는 아플 때에 자신을 지배하게 되고, 하느님께 감사의 찬미가를 드릴 수 있게 된다."111)라고 암마 싱클레티카는 가르친다. 교부들은 이 두 개의 덕목들이 아픈 사람을 영성 생활의 가장 높은 정상으로 인도하고 그에게 구원을 허락하는 힘을 가지고 있다는 점을 강조하면서, 이런 덕목들을 칭찬한다.

성 요한 카시아노는 인내에 관하여 이렇게 쓴다. "질병이 때로 선사할 수 있는 이점은 부스럼투성이의 불쌍한 라자로가 보여준 지복으로 아주 분명하게 나타난다. 성경은 그의 어떤 덕에 관해서는 전혀 말하지 않는다. 라자로의 가난과 질병을 견디는 큰 인내만이 아브라함의 품에 안기는 복된 행운을 받을 만하게 해준다."112) 성 요한 크리소스토모가 이와 같은 비유를 말하면서 마찬가지로 강조하는 것은, 라자로가 자신의 질병과 가난을 인내로이 겪은 것 외에 특별히 그 어떤 것도 하지 않았다는 사실이다. 그리고 바로 이 점이 그에게 영원한 구원을 얻게 했다는 것이다.113) 이 부분에서 성 마카리오는 이렇게 확언한다. "영혼이 다양한 고난으로부터 해방되면, 이 고난들이 다른 사람 때문에 생긴 것이든 아니면 육신의 질병으로부터 생긴 것이든 간에 끝까지 인내했다면, 그 영혼은 순교자들과 똑같은 왕관과 똑같은 보장을 받는다."114)

포티케의 성 디아도코(St. Diadocus of Photike)는 감사에 대하여 이렇게 쓴다. "만약 영혼이 질병으로 생긴 고통을 감사로이 받아

---

111) 『격언집, 알파벳순의 연속물, 싱클레티카』 10.
112) 『종교 협의회』 VI.3.
113) 『올림피아에 보낸 편지』 IV.3.
114) 성 시메온 메타프라스테스, 『의역』 131,

들인다면, 이는 고통을 느끼지 않는 영역에서 그리 멀리 있지 않음을 보여주는 것이다."115) 그리고 수도원장 포멘(Abba Poemen)은 망설이지 않고 이렇게 선언한다. "세 명이 만난다면, 한 명은 내적 평화를 간직하고, 두 번째 사람은 질병 가운데서 하느님께 감사드리며, 세 번째 사람은 순수한 생각으로 봉사한다. 이 세 사람은 모두 같은 일을 실행하는 것이다."116)

나지안조의 성 그레고리오가 우리에게 아픈 사람을 크게 존경하고 숭배하라고 촉구하는 것은 바로 이런 이유 때문이다. 그것은 아픈 사람들 중 몇몇은 자신들의 시련과 고난의 미덕에 의해서 장차 거룩함을 얻게 될 것이기 때문이다. "거룩함을 수반하는 질병을 존중합시다. 그리고 승리로 인도하는 고통을 겪고 있는 사람들에게 경의를 표합시다. 왜냐하면 이 아픈 사람들 가운데에는 다른 욥이 숨어 있을 수 있기 때문입니다."117)

---

115) 『백 가지 장』 54.
116) 『격언집, 알파벳순의 연속물, 포멘(Poemen)』 29.
117) 『기도』 XXIV.34.

III. 치유를 향한 그리스도인의 길

하느님을 영광스럽게 하는 치유 방법 찾기

질병과 고통이 그리스도 안에서 영적으로 초월되고 변모될 수 있다 하더라도, 또한 이 질병과 고통이 그 아픈 사람을 영적으로 높은 곳으로 인도할 수 있는 금욕적 길이 될 수 있다 하더라도, 우리는 나중에라도 이 질병과 고통을 바라거나 찾아서는 안 된다. 왜냐하면 질병과 고통은 우리의 힘을 많이 요구하고, 이 힘은 육체의 투쟁으로 결국에는 헛되이 없어지기 때문이다. 여기에 사용되는 에너지는 하느님의 계명[1])을 실천하는 데 사용하고 하느님을 찬양하는 데 사용하는 것이 훨씬 더 바람직하다. 왜냐하면 그러한 성스러운 일에는 측량할 수 없는 힘이 필요하고, 우리가 건강할 때 가지고 있는 힘은 삼위의 거룩한 하느님의 무한한 영광을 찬미할 때 필요한 것과 비교하면 아주 작기 때문이다.

어떤 관점에서 보면, 질병은 영적인 생활에 도움이 될 수 있고, 또 따른 관점에서 보면, 질병은 단지 장애에 지나지 않는다, 성 니콜라오 스테타토스는 이 점을 다음과 같이 주장한다. "[질병]은 초심자에게 유익한 만큼, 덕을 향한 투쟁에서 훨씬 앞서 있는 사람들에게는 해가 될 수도 있다. 질병은 사람들이 전적으로 자신을 하느님의 일에 바치는 것을 효율적으로 방해하며, 고통과 불행으로 인해 영혼들이 반성하는 것을 제한하고, 낙담하게 하여 영혼들을 곤란에 빠뜨리고, 영혼들의 생각을 무미건조하고 메마르게 하여 회개를 손상시킨다."[2])

---

1) 그러므로 성 타라시오스는 이렇게 권고한다. "육체를 계명의 종처럼 다루고, 모든 질병으로부터 최대한 계명을 지켜라"(『Centuries』 II.81).
2) 『Centuries』 I. 87.

건강이 마땅히 질병보다 선호되어야 한다고는 말하지 않는다. 그러나 그것은 우리가 하느님 안에서, 하느님을 위해서 산다는 조건일 때다. 경건한 사람들이 사도 요한을 본받아서(3요한 1,2) 그들을 찾아오는 사람들과 편지를 주고받던 사람들에게 건강을 빌어주는 것이나 교회가 모든 전례의식을 통해 하느님께서 신자들을 지켜주시고 건강을 회복시켜주시도록 청하는 것은 단순히 예의바름 때문만은 아니다.

건강이 회복되는 이유는 주로 영적인 것에 기인한다고 복음서는 분명히 밝히고 있다. 그리스도께서 베드로의 장모를 고쳐주신 일화에 "예수님께서 당신 손을 그 부인의 손에 대시니 열이 가셨다. 그래서 부인은 일어나 **그분의 시중을 들었다.**"(마태 8,15)라고 쓰여 있다. 중풍병자를 치유한 이야기에는 "그는 그들 앞에서 즉시 일어나 자기가 누워 있던 것을 들고, **하느님을 찬양하며 집으로 돌아갔다.**"(루카 5,25)라고 쓰여 있다. 여기서 같은 점이 병자성사의 집행에서 반복하여 이렇게 강조된다. "고통당하는 사람을 치료하시고 도와주시는 당신은 병자들의 해방자이시며 구세주이십니다. 만물의 주님이시며 주인이신 이여, 당신의 아픈 종을 치유해주소서. … **그러면 그가 당신의 신성한 힘을 찬양하게 될 것입니다.**"[3] "그의 영혼과 육체를 낫게 해주소서. **그러면 그가 당신을 사랑으로 찬미할 것이며 당신의 힘을 찬송할 것입니다.**"[4] "서둘러 당신의 고통 받는 종을 찾아주시고, 질병에서 그를 해방해주시고, 그의 쓰라린 고통으로부터 일으켜 세워주시어, **쉬지 않고 당신을 찬양하고 찬송하게 하소서.**"[5] "오 주님, 하늘에서 당신의

---

3) Canon, Ode(경전 성시) 3
4) Verse from the Praises(찬미의 시 귀절)

치유하는 힘을 내려 보내주시고, 이 몸을 만져주시고, 열을 가라앉혀 주시고, 고통과 숨겨진 모든 약점들을 끝내주소서. 이 병의 의사가 되어주셔서 당신의 종을 고통과 고난의 침상으로부터 일으켜 세워주시고, **그를 무사 안전하게 당신 교회에 돌려주시고, 당신에게 만족스럽게 하시고, 당신의 소명을 완수할 수 있게 해주소서.**"[6] "그를 모든 질병과 허약함으로부터 멀리 있게 하셔서, 저들이 당신의 강력한 손으로 높이 들려져서 **당신을 섬기게 하시고 당신께 끊임없이 감사하게 하소서.**"[7] "성부여, 영육간의 의사이시여, 당신의 유일하신 아드님 예수 그리스도를 보내셔서 모든 질병을 고치시고 우리를 죽음에서 해방하시고, 그를 쥐고 있는 육체와 영혼의 허약함으로부터 당신의 종을 고치시고(N.), 그리스도의 은총으로 그에게 생기를 불어넣어 주시고, **그의 인생을 보호하소서. 그는 당신의 선하신 위로와 자기 선행으로 마땅히 드려야 할 감사의 기도를 쉬지 않고 드릴 것입니다.**"[8]

이러한 상황에서 치유를 찾는 것은 심지어 그리스도인의 의무인 듯이 보인다. 시리아인 성 이사악은 이렇게 기록한다. "병들고 자신의 병을 아는 사람은 스스로 치유를 간구해야 한다."[9]

그 외에도, 질병은 사람이 자신에게 주어진 모든 힘과 능력을 하느님을 위해서 동원하는 것을 방해하며, 무질서가 되며, 심지어 하느님이 태초에 창조하신 인간 본성과 육체를 입으신 로고스처럼 사람의 마음속에 회복된, 육화된 말씀으로서 인간 본성을 부

---

5) 전승기념비.
6) 세 번째 기름 부음의 기도.
7) 네 번째 기름 부음의 기도.
8) 모든 병자성사 때의 기도.
9) 『금욕주의적 담화』 3.

정한다. 질병은 그 기원에 의하여 악, '어둠의 세력', 파괴, 죽음의 세력에 연결되어 있다. 즉, 아담의 죄와 그 결과로서 일어나는 전체적인 인간 본성의 완전한 타락과 연결되어 있다.10) 인간은 질병을 받아들이고 숙명적으로 질병에 굴복하기보다, 신인 그리스도께서 죄와 악의 권세로부터 획득하신 승리를 이용하여 질병과 싸우기 위해 힘이 닿는 한 모든 것을 해야 한다. 질병에 대항해서 싸운다는 것은 악의 권세에 대항하는 사람을 간접적으로 더 큰 싸움의 일부가 되게 한다. 이와 관련하여, 치루스의 테오도레투스는 군대의 은유를 적절하게 사용하였다. "질병의 공격으로 고통당하는 사람들은 적들을 쫓아내듯이 육체의 질병을 몰아내기 위해서 애써야 한다."11)

의사이신 그리스도

인간들 가운데 머무르시며 영혼의 질병을 고쳐주시는 그리스도는 당신께 고쳐 주시기를 간청하는 사람들의 육체의 질병과 연약함을 결코 망설이지 않고 편하게 해주신다. 그리스도는 그러한 고통에 어떠한 고난도 필요하다고 보지 않으신다. 질병을 대응함에 있어서 포기하거나 냉담하지 않으시고 당신을 찾는 사람들을 치유하심으로써, 그리스도는 질병이 바람직하지 않다는 것을 명백하게 드러내셨다. 그리고 그리스도는 질병이 생길 때 채택하게 되는 태도의 예를 보여주셨다.

---

10) 참조. 일 휴(장)
11) 『섭리에 관한 담화』 III

또한 그리스도는 주저 없이 의사로서 자신을 드러내셨다, "튼튼한 이들에게는 의사가 필요하지 않으나 병든 이들에게는 필요하다"(마태 9,12; 마르 2,17; 루카 7,31). 그리고 "너희는 틀림없이 '의사야, 네 병이나 고쳐라.' 하는 속담을 들어 [⋯] 할 것이다"(루카 4,23). 그리고 그리스도는 많은 치료를 하셨으며 – 성경은 관련된 고통을 자세히 언급한다 – 영혼뿐만 아니라 육체의 의사가 되시는 행위의 증거가 되신다.

의미심장하게도 성 마태오는 그리스도께서 그분 앞에 데려온 사람들에게 들린 귀신을 내쫓으시고 병을 고쳐주신 하나의 일화를 상기시킨 후에 이사야의 예언을 상기시킨다. "그는 우리의 병고를 떠맡고 우리의 질병을 짊어지셨다"(마태 8,16-17; 이사 53,5). 그리스도께서 지상 생애 동안 당신을 알았던 많은 사람들에게 보여주신 것은 정확히 의사로서였다. 즉, 그분의 반대자들은 안식일에 사람을 고치는 일에 대해서(마태 12,10; 루카 6,7; 마르 3,2) 그분을 고발한 사람들이었으며, 그뿐만 아니라 그들 중에는 자기 육체의 질병과 연약함을 치유받기 위하여 군중 가운데에 섞여 그분께 가까이 나왔던 사람들도 있었다.

그리스도교 초기에 그리스도는 종종 이교도 그리스 로마의 의술의 신인 아스클레피우스(Asclepius)와 비교되었다.12) 최초의 그리스도교 호교론자들은 이 비교를 잠시 동안 보존해두었다.13) 이는 교훈적 이유에서였으며, 물론 그리스도만이 유일하고 진정한 의사이

---

12) 『The Anchor Bible Dictionary』, 1권(New York: Doubleday,1992), 475-476에서 T.L.로빈슨의 논문인 '아스클레피우스 숭배'의 기사를 볼 것. 또한 H. Leclercq, "Médecins", 『Dictionnaire d'archeologie et de liturgie』 XI, vol. 1(Paris,1933),col,158.
13) 참조. 예컨대 성 유스티노, 『첫 번째 변명』 22.

시며, 반면 아스클레피오스는 우상14) 혹은 사탄15)에 지나지 않는다고 주장했다. 육체의 의사로서 역할은 그리스도께서 담당하셨으며, 나중에는 그리스도의 이름으로 그의 제자들이 담당하였는데, 이는 참으로 놀라운 일이어서, 이교도 관찰자들은 그리스도교를 '아픈 사람들을 위한'16) 종교로 묘사했다. 관찰자들이 놀란 것은 그 당시의 종교가 아픈 사람들을 멸시하고 건강한 사람들 중에서 추종자들을 찾는 경향이 있었기 때문이다.17)

이런 것들은 초기 그리스도교가 왜곡되었음을 보여주는데, 그러나 그 속에서 관찰자들은 그리스도에게서 육체의 질병의 진정한 치유자를 찾고 그리스도를 당시의 많은 마법사나 치료사들과 동일화하기 위해서 자신들의 관점을 제한하는 경향이 있었다.18) 그 때문에 사람들은 그리스도가 또한 영혼의 치유자라는 사실을 파악하지 못했다. 그러나 마찬가지로 왜곡되게 그리스도를 영적인 치료에만 관련이 있다고 보았을 것이다. 따라서 전인 그리스도께서 우리를 고치시고 구원하시기 위해서 오셨음을 보여주기 위해서, 교부들과 교회의 모든 전통은 조심스럽게 그리스도를 '육체의 의사'19)이면서 '영혼의 의사'20)로 제시했다. 그들의 관심사는 인

---

14) Clement of Alexandria, 『Protrepticus(교훈서)』 29.1; 52.4.
15) 테르툴리아누스, 『사과』 23.6-7; 오리게네스, 『Contra Celsum(유명한 의사이며 만물박사적인 저술가인 Celsus를 반대하여』 III. 24.
16) 참조. P.Lain Entralgo, 『Maladie et culpabilite(악의와 비난당할 만한 것』 (Paris,1970),p.75.
17) A. 하르낙(A. Harnack), "medicinisches aus der ältesten Kirchengeschichte," 『Texte und Untersuchungen』 VIII.4. (Leipzig,1892), p.128.
18) 참조. 오리게네스, 『Contra Celsum』 I. 68.
19) 보라. esp. Clement of Alexandria, 『Paidagogos』 I. 6. 2-3; 알렉산드리아의 성 아타나시우스, 『말씀의 육화에 관하여』 ⅬXVIII; 예루살렘의 성 치릴로, 『세례 교리문답집』 X. 13.
20) 이와 관련하여 우리의 연구를 참조. 『Therapeutique des maladies spirituelles』

간의 일치된 특징과 각 개인의 영혼과 육체는 같은 운명이라는 것을 강조하는 것이다. 따라서 그들은 그리스도를 가장 흔하게 '영혼과 육체의 의사'21)라는 이름으로 부른다.

성인들은 그리스도의 이름으로 병을 고친다

그리스도는 열 두 제자를 부르시어 그들에게 자신의 병 고치는 능력을 주셨다. 즉 그리스도는 그들을 자신처럼 의사로 만드시어

(Paris,1991), t,I,part 3,ch.1,pp.319-344, 다양한 교부의 저서와 더불어 '의사이신 그리스도'에 관하여.
21) 다음 문헌들을 보라. 안티오키아의 성 이냐시오, 『에페소인들에게』 VII.1-2; 알렉산드리아의 클레멘스, 『Paidagogos』 I.6.2: "우리의 훌륭한 스승은 우리를 창조하신 하느님의 지혜와 말씀이시며, 그의 피조물인 인간을 온전히 돌봐주신다; 모든 것을 고치실 수 있으며, 인성의 의사가 되셔서 육체와 영혼을 치유해 주신다." 참조하라. 예루살렘의 성 치릴로, 『세례 교리문답집』 X.13: "그리스어에서 '예수'는 '치유자'를 의미한다. 왜냐하면 그는 육체와 영혼의 의사이기 때문이다."; 성 요한 크리소스토모스, 『마귀에 관한 강론집』 1.5.: "하느님은 진실한 의사이시고, 육체와 영혼의 유일한 의사이시다."; 『창세기에 관한 강론』, 27; 『마태오 복음에 관한 설교』 29:2; 치루스의 테오도레투스, 『시리아 수도자들의 역사』 14.3; 성 바르사누피우스, 『편지』 107: 주님이 당신과 함께하십니다. 그분은 "영혼과 육체의 위대한 의사이십니다."; 199: "예수는 영혼과 육체의 의사이십니다."; 신신학자 성 시므온, 『윤리적인 담화』 7, 267-268: 우리는 영혼과 육체의 의사이신 그분을 찾습니다. "의사이신 그리스도"에 관하여, A. 하르나크의 앞에 인용한 책. K. Knur, 『Christus medicus?』(Fribourg-im-Brisgau, 1905). J. Ott, "Die Bezeichnung Christi als *iators* in der urchristlichen literatur," 『Der katholik』, 90,1910,454-458; H.Shipperges, "zur tradition des 'Christus medicus' im frühen Christentum und in der älteren Heikunde," 『Arzt Christi』, II,1965,12-20; G. Dumeige, "Le Christ médecin dans la littérature chrétienne des premiers siècles," 『Rivista di archeologia christiana』 48,1972,115-141; "(Christ)Médecin," 『Dictionnaire de Spiritualité』, t,X,col.891-901; J.-C.Larchet, 『Thérapeutiques des maladies pirituelles』(Paris,1991),t.I,3e partie, chap.I,319-44, "Le Christ Médecin."

악한 영을 내쫓고 그들에게 명령하는 힘을 주시고(마르 6,7; 루카 9,1) 어떠한 질병과 연약함도 치료할 수 있는 능력을 주셨다(마르 10,1; 루카 9,2. 참조. 마르 6,13; 루카 9,6). 이 능력은 사도시대 이후에 성스러운 사람의 금욕주의를 통하여 그리스도처럼 된 모든 사람들에게 전해졌다. 그들은 '신성'(神性)을 지녔는데, 그들의 **생애**는 그들이 수행한 수많은 치료를 통하여 입증되었고, 그리스도처럼 '의사'로 불리었을 것이다.

그럼에도 불구하고 그리스도가 '유일한 의사'[22]이심은 사도들과 성인들을 통하여 고치는 이가 그리스도이시기 때문이다. 즉, 그들은 단지 그리스도의 이름으로 고칠 수 있고[23] 그래서 자신들을 단순한 중개자로 여기기 때문이다. 그래서 성스러운 제자 베드로는 자기가 기적의 치유를 행하는 것을 보러 몰려온 군중들에게 말했다. "우리의 힘이나 신심으로 이 사람을 걷게 만들거나 한 것처럼, 왜 우리를 유심히 바라봅니까? 예수님의 이름에 대한 믿음 때문에, 바로 그분의 이름이 여러분이 지금 보고 또 아는 이 사람을 튼튼하게 하였습니다"(사도 3,12.16). 그리고 위대한 성 아타나시오는 안토니우스에 대해서 이렇게 말했다. "그를 통하여 하느님께서 많은 사람을 고치신다."[24] 치루스의 테오도레투스는 수도사-치료자들에 대한 비슷한 생각을 이렇게 표현했다. "성령의 신비를 전수받은 사람들은 성령의 풍부함과 성령께서 사람들을 통해서 사람들 안에서 어떤 기적을 이루시는 지를 안다."[25]

---

22) 안티오키아의 성 이냐시오, 『에페소서』 VII.2; 알렉산드리아의 클레멘스, 『Paidagogos』. I.6.1; 성 요한 크리소스토모스, 『마귀에 관한 강론』 I.5.
23) 참조. 성 요한 크리소스토모스, 「회개에 관한 논문」, II.9.
24) 『안토니오의 일생』 14.
25) 『시리아 수도자들의 역사』 서문,10; 참조. II.6, 시리아 판의 추가: "축복받은

그리고 성 아타나시오는, 성 안토니오가 치료를 행할 때는 "언제나 주님께 감사를 드린다. 성 안토니오는 치료하는 행위가 자기나 다른 사람에게 속한 것이 아니고, 오로지 하느님께 속한 것임을 병자들에게 일깨워준다. […] 그러므로 아픈 사람들은 안토니오에게 감사할 것이 아니라, 하느님 한 분께 감사하는 것을 배워야 한다."26)라고 우리에게 말한다. 성 안토니오 자신은 이렇게 말한다. "내게는 치유하는 힘이 없다. […] 치유는 주님이 하시는 일이다. 그분은 어디서나 당신을 찾는 사람들에게 자비를 베푸신다. 주님은 나의 기도를 들으시고 당신께서 치유하실 것임을 나에게 드러내심으로써 사람들에 대한 당신 사랑을 알게 하신다. […]."27)

치료할 때 이런 주장이 필요하다. 왜냐하면 사람들이 하느님보다는 치료하는 자에게 영광을 돌리는 경향이 있기 때문이다. 리스트라 사람들도 바오로와 바르나바에게 그런 식으로 다음과 같이 말하였다. "신들이 사람 모습을 하고 우리에게 내려오셨다."고 하면서 그들을 제우스와 헤르메스라고 부르고, 그들에게 희생 제사를 바치려고 했다(사도 14,8-13 참조). 두 사도들은 자신들도 같은 본성을 가진 사람이라는 것을 사람들이 받아들이게 하는 데 매우 어려움을 겪었다. 그리고 사람들에게 '살아 계신 하느님'께로 돌아오라고 간곡하게 타일렀다(사도 14,15). 단지 그러한 혼동을 피하기 위해서, 성스러운 치료자들은 하느님의 힘으로 수행되

이들의 또 다른 놀라운 일은 우리 주 예수 그리스도께서 축복받은 이의 손을 통하여 이루시는 일이다…"
26) 『안토니우스의 일생』 56; 참조. 테오도레투스, 앞에서 인용한 책, 26.6.
27) 『안토니우스의 일생』 58; 참조. 칼리니코스, 『하이파티오스의 일생』 9.8; 테오도레, 앞에서 인용한 책, 9.7.

는 치유가 직접 자신들 덕분이라고 여겨지지 않게 하였으며, 자신들의 겸손함으로 종종 물질적인 방법을 사용했다. 그들은 의식을 행하거나 그 자체로는 대개 치료효과가 없는 이상한 처방을 하였지만, 자신들이 치료하는 사람들의 주의와 감사를 다른 데로 분산시켜서, 그 결과로 사람들이 좀 더 쉽고 완벽하게 치료의 유일한 원천이신 분에게로 마음을 돌리게 했을 것이다.

사도들과 성인들과 그리스도교인들은 그리스도에 대한 믿음으로 특별한 종교적 치료방법을 통해서나 새롭고 영적인 의미가 있다고 하는 세속적인 약물을 통해서 병자들을 돌보고 치유하는 데에 언제나 자신들의 노력을 집중시켰다. 그러나 그리스도만이 진실로 '몸의 유일한 의사'이시기 때문에, 이런 다양한 치료 방법들은 단순하며, 우리가 보게 되듯이, 그분이 주시는 다양한 방법은 우리가 받기를 청하고 전달하고 받는 당신 은총이다. 즉, 그 은총은 그리스도께서 성부 하느님으로부터 받아 가지고 계시면서 직접 간접으로 창조 작업을 통하여, 성령을 통하여 인류에게 주시는 에너지이다.

치유를 향한 영적인 길

■ ■ 기도

기도는 모든 것의 근본이 되고 가장 필요한 요소이며 병과 싸우는 데에 놀랄 만한 효과가 있기 때문에, 모든 종교적인 치료기술 중에서 가장 우선한다.[28]

"여러분 가운데에 고통을 겪는 사람이 있습니까? 그런 사람은 기도하십시오."라고 사도 야고보가 말했다(야고 5,13). 그래서 그가 인내로이 병을 견뎌내면 병에서 해방될 수 있다. 그는 '위대하고 천상적인 의사'의 도움을 빌 수도 있고 예리코의 소경처럼 외칠 수도 있다. "예수님, 다윗의 자손이시여, 저에게 자비를 베풀어 주십시오"(루카 18,38). 그렇게 함으로써 그는 다시 살리시는 하느님의 은총에 자신을 맡길 것이다.

하느님은 인간에게 원하는 치유를 받기 위해서 오직 한 가지를 요구하신다. 그것은 믿음으로 하느님께 기도하는 것이다. 예수님은 두 명의 소경에게 물으셨다. "내가 그런 일을 할 수 있다고 너희는 믿느냐?"(마태 9,28). 사람이 하느님으로부터 받는 것은 그 사람의 믿음의 정도에 따른다. 그리스도께서 "네가 믿은 대로 될 것이다."라고 백인대장에게 말씀하셨다. 하혈병에 걸린 여자(마태 9,22; 마르 5,34; 루카 8,48)와 죄를 지은 여자(루카 7,50)와 소경(마르 10,52)과 나병환자(루카 17,19)에게 예수께서 말씀하셨다. "네 믿음이 너를 구원하였다."[29] 하느님의 은총이 모든 사람에게 머무르기 때문이다. 그리고 세례 받은 사람들에게는 충만하게 임하시기 때문이다. 그 은총을 받기 위해서, 사람은 단지 그 은총에 직면할 필요가 있으며, 자신을 그 은총에 개방해야 한다. 이런 이유로 그리스도께서는 이렇게 말씀하셨다. "너희가 기도하며 청하는 것이 무엇이든 그것을 이미 받은 줄로 믿어라. 그러면 너희에게 그대로 이루어질 것이다"(마르 11,24). 믿음을 잃지 않기를 구하는 사람(루카 22,32)과 의심하지 않는 사람에게(마태 21,21), 하느님은 약속대로

---

28) 참조. 예컨대, 성 요한 크리소스토모스, 『Anomeans에 반대하는 강론집』 V.6.
29) 또한 마태 5,36; 8,10; 15,28; 루카 7,9; 8,50; 18,42; 요한 9,35를 보라.

모든 것을 주신다. 만일 믿음이 있으면, "너희가 기도할 때에 믿고 청하는 것은 무엇이든지 다 받을 것이다"(마태 21,22). 그러나 우리는 또한 어떤 사람은 자기 믿음에 따라 받는 반면에 어떤 사람의 요구는 응답을 받지 못한다는 것을 안다. "엘리사 예언자 시대에 이스라엘에는 나병 환자가 많이 있었다. 그러나 그들 가운데 아무도 깨끗해지지 않고, 시리아 사람 나아만만이 깨끗해졌다"(루카 4,27).

■■ 이웃사람을 위하여 기도하기

성 바오로는 우리가 연약하고 믿는 데에는 마음이 굼뜬 자들임을 알기에(참조. 루카 24,25) 우리 모두에게 "서로 남의 짐을 져 주십시오"(갈라 6,12)라고 권고한다. 그리고 예루살렘의 성 치릴로는 "믿음에는 그런 힘이 있어서 믿는 사람 혼자 구원을 받는 것이 아니라, 타인의 믿음으로 다른 사람들도 구원을 받을 것이다."[30)]라고 했다.

사람이 다른 사람이나 많은 사람의 기도로 인해 나을 수 있다는 사실은 중풍병자의 예를 통하여 복음서에서 분명하게 드러난다. 즉, 그리스도께서는 중풍병자의 믿음을 보셔서가 아니라 그를 데려온 사람들의 믿음을 보시고 치유해 주셨다(마태 9,2; 마르 2,5; 루카 5,20). 그러므로 그리스도인은 자신의 병 고침을 위해서뿐만 아니라, 병을 앓고 있는 자기 형제들을 위해서도 기도해야 한다. "우리는 […] 모두 한 성령 안에서 세례를 받아 한 몸이 되었습

---

30) 『세례 교리문답집』 5.8.

니다. 또 모두 한 성령을 받아 마셨"(1코린 12,13)기 때문이다. 다시 말하자면 "하느님께서는 모자란 지체에 더 큰 영예를 주시는 방식으로 사람 몸을 짜 맞추셨습니다. 그래서 몸에 분열이 생기지 않고 지체들이 서로 똑같이 돌보게 하셨습니다. 한 지체가 고통을 겪으면 모든 지체가 함께 고통을 겪습니다"(1코린 12,24-26). 지체들의 이러한 결속과 단결을 통하여, 이제 연약하며 한계를 지닌 한 개인이 아니라 교회 안에서 성령을 통하여 그리스도 안에서 실현되는 모든 성인들의 통공에 힘입어 여러 사람이 - 모두 다라고 말할 수도 있음 - 기도하게 된다.

더구나, 이렇게 공동으로 바치는 기도는 몸 전체, 즉 그리스도의 몸의 능력을 가지기 때문에 더 위대한 힘을 갖는다(참조. 1코린 12,27). 그리고 이 그리스도의 몸 안에서 성령께서 성부로부터 내려오는 은총을 사람들에게 주신다. 그러기에 그리스도께서는 이렇게 말씀하신다. "너희 가운데 두 사람이 이 땅에서 마음을 모아 무엇이든 청하면, 하늘에 계신 내 아버지께서 이루어 주실 것이다. 두 사람이나 세 사람이라도 내 이름으로 모인 곳에는 나도 함께 있기 때문이다"(마태 18,19-20). 하느님께서 자신을 드러내시는 것은 이 지체들이 일치하여 교회 공동체를 구성하기 때문만이 아니라, 이 공동체를 통하여 사랑의 연대를 보여주기 때문이다. 이 공동체 안에서, 사람들은 하느님과 일체가 되고 하느님은 사람과 일체가 되신다. 즉, "우리가 서로 사랑하면, 하느님께서 우리 안에 머무르십니다"(1요한 4,12). "하느님은 사랑이십니다. 사랑 안에 머무르는 사람은 하느님 안에 머무르고 하느님께서도 그 사람 안에 머무르십니다"(1요한 4,16). 이와 마찬가지로, 공동으로 기도하는 것이 하느님의 치유은총을 얻는 데 가장 좋은 형태인 것 같다. 성 야고보는 이렇게 말한다. "서로 남을 위하여 기도하십시오. 그러면 여러분의 병이 낫게 될 것입니다"(야고 5,16).

그래서 이웃의 병을 치유하기 위한 기도는 "네 이웃을 너 자신처럼 사랑해야 한다."(마태 22,39; 마르 12,31)라는 두 번째로 큰 계명을 실천하는 방편으로서, 모든 그리스도인의 영적인 책임이 되었다. 이 말씀에 모든 율법이 요약되어 있다(로마 13,8-10). 기도를 통하여 사람은 모든 고통 받는 피조물을 불쌍히 여기시는 하느님과 하나가 된다. 기도를 멈추지 않고 충심으로 바치면, 기도는 거룩함의 표지가 된다.[31]

■■■ 성인들의 기도

한 성인이 고통을 겪는 사람들을 위한 사랑과 그들이 고통으로부터 구제되기를 바라는 원의에 의해 감동을 받으면, 그는 순수하고 실패하지 않는 기도로 하느님께 도달할 수 있다. 왜냐하면 그는 신적-인간적 고행으로 인해 정화되었기 때문이다.[32] 더구나 성 야고보에 의하면, 성인의 목소리는 다른 이들의 목소리들 중에서도 특별한 효과를 가진다. "의인의 간절한 기도는 큰 힘을 냅니다"(야고 5,16). 그래서 그리스도인들은 하느님으로부터 치료를 받기 원할 때 영적인 선배들의 중재를 요청해야 한다. 즉, 성인들의 전기를 보면 도움을 청하는 사람들이 끊임없이 찾아오는 것을 볼 수 있다. 그리고 모든 성인들은 이와 같은 목적으로 '언제나

---

31) 은둔자 성 마르꼬, 『법률가와의 논쟁』 20; 시리아인 성 이사악, 『금욕주의 강론집』 81.
32) 참조. 성 요한 크리소스토모스, 『Homélies contre les Anoméens』 V.6.

하느님을 기쁘시게 해드리는' 기도를 바친다. 그 중에서도 첫째는 '하느님 앞에서 열렬한 중재자'이신 성모님이시다. 왜냐하면 성모님은 하느님 말씀을 육체로 낳아 주셨기에 당신의 아드님 앞에서 어떤 중재자보다도 위대한 힘을 가지고 계시다.

그럼에도 불구하고, 치유의 은총은 언제나 모든 은총의 유일한 근원이신 하느님으로부터 오는데, 이 은총이 이를 인간에게 전달하는 성인들에게는 외적인 어떤 것이 아니다. 성인은 기도하며 하느님께서 자신에게 주시고 자신을 통해서 인간에게 주시는 이 선물에 대해 감사드린다. 그런데 성인은 자신이 그 은사를 간직하고 소유한다(그러나 독차지하지는 않는다). 그는 자신을 찾는 사람들을 이롭게 하기 위하여 임의로 이 은사를 전해줄 수 있는 권한을 가지며(하지만 언제나 자신의 뜻을 하느님의 뜻과 일치시킨다), 자신의 성화(聖化) 정도에 따라 이 권한을 행사한다. 치루스의 테오도레투스는 "하느님은 종종 성인들의 영혼에 성령의 은사를 내리신다."라고 말한다.[33] 사람이 계명을 지킴으로써 걱정과 인간사로부터 고결하게 자신들을 자유롭게 하면 할수록, 그는 그리스도 안에서 성령을 통하여 더욱더 하느님처럼 된다.

성인은 자신을 "하느님의 본성"(2베드 1,4)에, 그래서 결국 하느님의 능력(참조. 에페 1,19)에 참여시키는 신적 에너지로 점점 더 가득차게 된다. 그래서 사람도 그리스도께서 하신 말씀에 따라 하느님이 행하신 것처럼 할 수 있다. "나를 믿는 사람은 내가 하는 일을 하게 될 것이다"(요한 14,12). 이런 이유로, 우리는 성인들을 단순한 중재자나 매개인으로 보지 않고 그들 자신 안에 치유의 능

---

33) 『시리아 수도자들의 역사』 서문, 10.

력을 가지고 있는 것으로 본다. 성인들이 그렇게 할 수 있는 것은, 그들이 은총을 통하여 신성해졌고 신성한 삶과 권능에 참여하게 되었기 때문이다. 우리는 특별히 하느님의 어머니이신 성모님에게 기도하는데, 그분은 충분히 신성화되고 영광을 받은 최초의 인간이면서 "고통 받는 이들에게는 위안을, 그리고 아픈 이들에게는 치유를", "희망이 없는 사람들에게는 희망을", "고심하는 사람들에게는 힘을", "억누를 수 없고 없어지지 않는 치유의 보배를" 주시는 분이시며,34) "그분으로부터 기적이 솟아나오고, 치유가 넘쳐흐른다."35)

성인들은 자신들의 전 존재 안에 신성한 에너지를 지니고 있기에 믿음을 갖고 그들의 몸(참조. 사도 20,9-10)이나 옷(참조. 사도 19, 12), 심지어는 그림자(참조. 사도 5,15)를 만지는 사람들에게 그 에너지를 전해준다. 성인들은 이 세상을 떠난 후에도 자기들을 찾는 사람들에게 이 에너지를 계속 전해준다. 성인들이 이 일을 수행할 때는 에너지로 충만한 자신들의 유물36)이나 자신들을 존경하는 사람들과 접촉할 수 있도록 신성화된 인성을 표현한 가시적인 표지인 이콘(초상)이라는 수단을 통해서 직접 간접으로 수행한다. 기적을 행하는 이콘과 유물이 발견되는 많은 성역들은 순례지가 되어서, 거기서 믿음을 가진 많은 사람들이 치유를 얻어냈고, 아직도 그 치유를 얻고 있다.

---

34) Lesser and Great Canon Paraclytique(보다 작으면서 위대한 경전).
35) 신성한 병자성사 예식
36) 참조. 예컨대, 팔라디우스(Palladius), 『Lausiac History』 XXXVII.12. 『Life of Athanasius the Athonite』 55. 『Collection grecque de miracles』, ed. and trans., A.J. Festugière(Paris,1971), passim.

■■ 치유의 은사: 그 속성과 한계

치유의 힘이 신성한 경우에 해당하긴 하지만, 그 힘은 영적인 완전함의 수준에 어느 정도 근거를 두는 듯하다.37) 초기 그리스도교에서는 이런 것들이 비록 신성한 표지로 간주되지는 않았지만, 많은 사람들이 예언과 혀로 말하는 은사(신령한 언어)와 함께 치유의 은사를 가지고 있었음을 눈여겨 볼 수 있다. 성 요한 크리소스토모는 이에 관하여 극단적으로 말한다. "옛날에 이 은사를 받은 사람들은 그럴 만한 자격이 없었다! 이 치료사들은 타락한 삶을 살았고, 하느님으로부터 넘치는 은사를 받았지만, 자신들의 삶을 완전하게 개선하는 데에 그 은사를 사용하지 않았다."38) 우리는 이러한 은사의 확산이 그 후에 곧 상당히 줄어든 이유에 대해서 궁금해 할 수 있다. 성 요한 크리소스토모는, 그가 살던 시대의 세례 받은 신자들이 초기 그리스도교 시대에 살았더라면, 그들도 역시 그런 은사를 가졌을 것이라고 주장한다.39) 만일 그때 모든 그리스도인들의 집회에 그런 은사들이 있었다면, 그것은 "구원의 교리가 널리 퍼져야 했기 때문이고, 그때가 새로운 종교의 초창기이며 첫 단계였기 때문일 것이다."40) 그는 그 시대 사

---

37) 이런 종류의 치유는 구약성경 2열왕 13,20-21에서 이미 볼 수 있다. 참조. 칼리니코스, 『하이파티오스의 인생』 IX.9; XII.2. Palladius, 『Lausiac History』 XII.1; XVII.2; XXXIX.4; XLII. 치루스의 테오도레투스, 『시리아 수도자들의 역사』 I.6; 또한 H. Weinel, 『Die Wirkungen des Geistes und der Geister in nachapostolischer Zeitakter bis auf Irenäus』(Fribourg-im-Brisgau,1899),t, II,pp.109-127, "Heilungen und Wunder."을 보라.
38) 『사도행전에 관한 강론집』 II.6.
39) 『성령강림절에 관한 강론집』 I.4. 참조. 니콜라스 카바실라스(Nicholas Cabasilas), 『그리스도 안에서의 삶』 III.9.
40) 『사도행전에 관한 강론집』 II.6.

람들은 "단지 육체적인 일만 받아들이고 감탄하였다. 그리고 육체적이지 않은 좋은 것은 이해하지 못했다. 또한 그들은 믿음의 눈으로만 파악할 수 있는 영적인 은총은 이해하지 못했다. 이것이 비 신자들을 깨닫게 하기 위해 […] 표지가 있었던 이유이다."[41]라고 설명한다. 그러나 그 시대의 성인들은 그 수가 너무 적어서 이런 표지들을 알릴 수가 없었고, 아주 많은 숫자의 세례 받은 신자들이 영적인 완전성의 정도에 상관없이 이 임무를 위해서 쓰여야 했다. 그러나 사람들은 자신들의 신앙을 이런 표지로 부터 구분할 줄 알았으므로, 표지는 더 적어지게 되었다.[42] 하느님은 "우리의 신앙이 보증과 표지와는 구별된다는 것을 우리에게 보여 주기를 원하셨다."[43] "왜냐하면 사건이 놀라우면 놀라울수록, 그만큼 더 마음은 감동을 받게 되고, 그만큼 더 믿음은 줄어들게 되기 때문이다."

엄청난 증거에 직면하게 되면, 신자는 더 이상 믿음을 가질 수 없다.[44] 타락해 가는 영적인 생활에 등을 돌리지는 않지만, 표지가 적어지는 것은 대신에 더 깊은 영적인 생활을 표현하는 것으로 보이고, 그러면 믿음은 더 심오한 내적인 토대를 찾아야 한다.[45] 그러나 성 요한 크리소스토모와 더불어 우리는 "치유의 첫 번째 목적은 성스러움"임을, 두 번째는 "교회를 널리 알리는 것"

---

41) 『오순절에 관한 강론집』 I.4.
42) 위의 책.
43) 위의 책. 참조. 『골로새서에 관한 강론집』 IX.5.
44) 『1코린토서에 대한 강론집』 VI.3.
45) 참조. 『성령강림절에 관한 강론집』 I.4; 『사도행전에 관한 강론집』 IV.7-8, 오리게네스의 『adv.Celsus』 II.48. 이것은 치유의 숫자가 그 후에 줄어든 것을 의미하는 것은 아니고, 대규모가 중지되므로 명백하게 눈에 뜨이고 널리 알려지게 되었으며, 그리고 더 이상 표시의 역할을 하지 않게 되었음을 뜻한다.

임을, 세 번째는 "이런 질병들을 바친 사람들의 신앙이나 혹은 스스로가 아픈 사람들의 믿음을 보상해주는 것"임을 주목할 수 있다. 이전의 이유와 마찬가지로, 왜 치유의 권능이 "심지어 죄인들과 자격이 없는 사람들로부터" 올 수도 있는지 그 이유가 설명될 것이다.[46]

■■■ 성스러운 도유(성유 바름)

기도하는 사람에 몇 가지 다른 관례를 추가하자면 - 항상 기도하는 사람에 근거하지만 - 이들의 목적은 하느님의 치유의 은총을 간구하고 그 효과를 입는 것이다.

첫 번째 관례는 성스러운 도유이다. 이 실천은 복음서에서 입증되었고, 사도들이 행한 많은 치유가 이와 관련이 있다. 즉, 복음사가 마르코는 "그들은 많은 마귀를 쫓아내고 많은 병자에게 기름을 부어 병을 고쳐 주었다."(마르 6,13)라고 말한다. 한편, 사도 야고보는 다음과 같이 교회적 관례를 추천한다. "여러분 가운데에 앓는 사람이 있습니까? 그런 사람은 교회의 원로들을 부르십시오. 원로들은 그를 위하여 기도하고, 주님의 이름으로 그에게 기름을 바르십시오. 그러면 믿음의 기도가 그 아픈 사람을 구원하고, 주님께서는 그를 일으켜 주실 것입니다. 또 그가 죄를 지었으면 용서를 받을 것입니다"(야고 5,14-15).

동방 정교회는 사도적 실천을 계속 이어받아 죽어 가는 사람뿐만 아니라 요청하는 모든 병자들, 심지어 그들의 병이 심하지 않

---

[46] 『연차총회』 XV.1.

더라도 거룩한 병자성사를 베푼다.

병자성사의 일반적인 형식에 있어서, 일곱 명의 사제가 성사를 집행하는데, 성 야고보가 언급한 교회의 원로들(presbyteroi)들이다. 이 의식은 세 개의 긴 부분으로 되어 있다.47) 첫 번째 부분은 성사를 받는 사람을 위한 '위안의식'(paraklesis)이다. 두 번째 부분은 도유에 쓸 성유를 축성하는 데 집중한다. 먼저 "성령의 권능과 작용과 내리심으로 이 기름이 축성되도록" 기도를 드리고, 일곱 명의 사제는 차례로 다음과 같은 기도를 바친다. "오 주여, 당신의 자비와 불쌍히 여기심으로 우리의 영혼과 육신의 고통을 치유하소서. 오 주여, 이 기름을 거룩하게 하시어, 이 기름으로 도유받는 이들을 고쳐주시고 모든 고통과 모든 육체적 영적 허약함과 모든 죄악을 끝내주소서…." 세 번째 부분은 각각의 사제들이 아픈 사람들에게 도유하는 것으로 구성되어 있다. 각각의 도유는 사도들의 서간과 복음서를 읽음으로써 진행된다.48) 이렇게 열네 번을 읽음으로써 환자와 그를 둘러싼 주위 사람들에게 성경의 주요 구절이 치료와 관련이 있다는 것을 보여준다. 다 읽고 난 다음에 도유를 수행하려는 사제가 기도를 한다. 이 일곱 번의 기

---

47) 자세한 묘사는 Mercenier, 『La prière des Eglises de rite Bysantin』 t. I ,2nd ed.,Chevetogne,1937,pp.417-416에서 의식의 전문과 함께 볼 수 있다. 만일 일곱 명의 사제를 모을 수 없다면, 셋, 둘, 심지어는 한 명이라도 의식을 집전한다. 필요하면 의식을 생략해서 집전하기도 한다.(참조. 같은 책, pp. 246-247).
48) 첫 번째 기름 붓기 전: 야고 5,10-16과 루카 10,25-37; 두 번째 기름 붓기 전: 로마 15,1-7과 루카 19,1-10; 세 번째 기름 붓기 전: 1코린 12,27-13,8과 마태 10,1.5.8; 네 번째 기름 붓기 전: 2코린 6,16-7,1과 마태 8,14-23; 다섯 번째 기름 붓기 전: 2코린 1,8-11과 마태 25,1-13; 여섯 번째 기름 붓기 전: 갈라 5,22-6,2과 마태 15,21-28; 일곱 번째 기름 붓기 전: 1테살 5,14-23과 마태 9,9-13.

도들이 예식의 가장 중요한 핵심이다. 사제들은 하느님이 언제나 인간에게 보여주시는 자비와 불쌍히 여기심을 마음속으로 생각하면서, 하느님께서 환자의 생명을 지켜주시고, 그의 고통을 완화시켜 주시며, 육체를 치료하고 강하게 해주시기를 간구한다. 가장 중요한 것은, 사제들이 하느님께 환자의 죄를 용서해 주시고, 영적인 생활을 강화해 주시고, 환자의 구원과 성화를 보증해 주시고, 그리스도 안에서 환자의 온 존재를 재생시켜 주시고, 환자의 생활을 쇄신시켜 주시기를 간청한다. 각각의 기도는 이 구성요소들의 어느 쪽이든지를 특별히 강조하지만, 모든 항목들은 영혼의 위로와 육체의 위로를 연결하고, 영적인 치유와 육체의 치유를 연결하며, 육체를 경시하지 않으면서 영혼을 기본적으로 중요하게 강조한다.

기름부음에 이어서 다 함께 이렇게 기도한다. "오 거룩하신 성부여, 우리의 영혼과 육체의 의사이시며 당신의 독생 성자이신 우리 주 예수 그리스도를 보내 주신 이여, 모든 악한 것을 고쳐 주시고, 죽음으로부터 우리를 해방시켜 주시고, 당신의 종 (아무개)를 그리스도의 은총을 통하여 육체와 영혼의 허약함으로부터 구원하시며, 당신 치료의 샘의 능력으로 이 사람(…아무개)의 인생을 지켜주소서. 오 우리의 하느님, 이제와 영영세세에 당신과 당신의 유일한 아드님과 동등한 하느님이신 성령님께 영광을 드립니다." 그리고 나서 일곱 사제 전원이 복음서를 펴서 환자의 머리 위에 두고, 환자의 죄의 용서를 위해서 하느님께 간청하는 회개의 기도를 낭송한다. 실제로 모든 의식은 고해성사의 성격을 강하게 지닌다. 이렇게 하는 주요 이유는, 이 성사의 주요 목적이 단순히 육체적 치유뿐만이 아니라, 또한 영혼의 질병을 치유하고 죄를 용서받는 것이기도 하기 때문이다. 이것은 성 야고보의 지시사항과 동사 s*ōzein*의 두 가지 뜻과 일치 한다. 즉, "믿음의 기도가 그 아픈 사람을 구원하고, 주님께서는 그를 일으켜 주실 것입니다. 또 그가 죄를 지었으면 용서를 받을 것입니다"(야고 5,15). 이 회개의 측면은 모든 육체의 질병이 죄에 뿌리를 두고 있다는 사실에 의해서 더욱 명백해진다(성 야고보가 조건 접속사 kan을 사용하여 즉 "만약 그가 죄를 범하였다면…"이라고 강조한 것처럼, 비록 이 죄가 항상 개인적인 죄가 아니라 하더라도). 그리고 치유는 반드시 죄를 없애고 우리의 타락한 본성의 회복을 수반한다. 앞으로 우리가 보게 되듯이, 결국 육체의 건강을 회복하는 것은 오로지 인류의 궁극적인 목적과의 관계와 죄를 극복하는 승리를 통해서만 가능해지는, 인간 전 존재와 구원의 관계에만 참으로 의미가 있다는 사실이 더욱 명백해진다. 이러한 전망에서, 교회는 병자성사 예식 전반에 걸쳐서 육체의 질병의 치유와 환자의 구원을 위해서 하느님께 간구한다.49)

성유로 도유하는 것이 병자성사의 환경에서만 엄밀하게 집행된 것이 아니라는 것을 눈여겨 볼 만하다. 많은 영적인 사제들이 그것을 자유롭게 사용했는데, 성인들의 전기가 이 방법으로 많은 치유 효과를 보았음을 말해준다.50)

---

49) 이와 같은 이유로 고해성사는 육체적으로 건강한 사람이라도 영혼이 낫기를 바라는 사람은 누구든지 받을 수 있다. 그래서 러시아 교회는 성주간 동안 모든 신자에게 이를 집행한다. 그리스 교회에서는 고대의 몇 가지 **성만찬 의식문**에서 참석한 사람 누구에게나 도유를 지시하는 것과 더불어서, 육체의 질병이 없을 때에도 일반적으로 가족들 간에 행한다.
50) 예컨대 다음 문헌들을 참조하라. 칼리니코스(Callinicos), 『하이파티오스의 인생』 IV.7; IX.6; XII.10; XV.2; Palladius, 『Lausiac History』 XII.1; XVIII.11,22. 『이집트 수도자들의 역사』 I.12, 16; IX.11; XXI.17. 『시케온의 성 테오도로의 인생(St. Theodore of Sykeon)』 68,85,107,112,145,154,156.

■■ 성수의 사용법

 널리 행하여진 또 다른 관례는 성수를 사용하는 것인데, 성수는 마실 수도 있고, 몸 전체에 붓거나 몸의 아픈 부분에 바를 수도 있다. 이 방법을 통하여, 하느님은 낫기를 기도하는 사람들을 치유해 주실 수 있다.[51] 성수는 성령의 힘으로 하느님의 치유 에너지를 전달해주며, 사제들은 성수의 축성 의식 동안에, 특별히 주의 공현 대축일 동안에 그리스도께 기도하여 성령께서 내려오시기를 간청한다. "성령의 권능, 작용, 현존을 통하여, 이 물의 성화를 위하여", 그리고 "성령의 정화하시는 작용이 이 물에 내려오기"를 기도한 후에, 사제들은 하느님께서 "이 물을 영혼과 육체의 치료를 위하여 […] 성화하는 선물로 변화시켜 주시기를", 그리고 이 물을 "타락하지 않는 샘물로 만들어 주시기를 […] 아픈 자를 고치는 샘물로 만들어 주시기를, 악마를 무찌르는 샘물로 만들어 주시기를", 그리고 또 "천사의 권능으로 가득 차서 적의 힘으로 가까이 갈 수 없게 하시기를, 그리고 성수를 떠올리거나 맛을 볼 때, 모든 사람들이 자신의 영혼과 육체를 정화하는 데 이 성수를 효과적으로 사용하게 하시기를" 간구한다. 그리고 나서 미사 집전 사제는 다음의 기도를 추가한다. "성수를 만지고, 바르고, 맛을 보는 모든 사람들에게 성화와 정화와 건강을 주소서."[52]

 하느님의 치유 은총은 그리스도의 약속대로 안수를 통해서 효

---

[51] 다른 것 중에서도, 성 요한 카시아노의 『연차총회』 XV.4.를 볼 것. 치루스의 테오도레투스, 『시리아 수도자들의 역사』 XXXVI.14. 성 바르사누피오, 『편지』 643. 『시케온의 성 테오도로의 인생』 31,83,97,106,111,145.

[52] 예식의 전문은 Mercenier의 앞에 인용한 책, t. II-1, 273-285에서 볼 수 있을 것이다.

과적일 수 있다. 믿는 이들이 "병자들에게 손을 얹으면 병이 나을 것이다"(마르 16,18). 그리고 마르코 자신의 예를 통하여 여러 가지 경우를 보여 준다.53) '성령 강림을 희구하는 기도'(epiklesis)는 성령의 권능을 전달하는 이런 행동(손 얹음)과 더불어 나타나며54), 기도하는 사람은 그리스도께 성부의 이름으로 성령을 보내주실 것을 간청한다.55)

■ ■ 십자가 표지

십자가 표지도 전통적인 치유 방법이다. 십자가는 성 삼위일체의 에너지를 빌고 그 효과를 이룰 뿐 아니라, 그리스도께서 죽음과 부패, 죄와 귀신과 마귀, 결국에는 그것들과 결합되는 질병에 대해 승리한 효과적인 표지이다. 십자가의 치유 능력은 동방 정교회의 거룩한 십자가 찬미(9월 14일) 의식에 명백하게 나타나 있다. 이 예식에서는 반복하여 십자가를 "아픈 자들의 의사"라고 부르면서 모세가 막대기 위에 들어 올린 구리로 만든 뱀에 관한 구약의 예시를 환기시키는데, 이 구리 뱀은 뱀에 물린 사람들을 위한 구제책이 되었다(민수 21,6-9).56)

---

53) 참조. 마태 9,18; 19,13-15; 마르 5,23; 6,5; 7,32; 8,23-25; 10,16; 루카 4,40; 13,13.
54) 참조. 예컨대, 사도 28,8.
55) 그러한 치료의 예는 사도 9,17; 28,8에서 볼 수 있을 것이다. 칼리니코스, 『하이파티오스의 인생』 XXV.1. 테오도레투스, 앞에 인용한 책, IX.7; Palladius, 『Lausiac History』 XII.1; XVIII.21.
『시케온의 성 테오도레의 인생』 69.154. 참조. 성 이레네오, 『Adv.Haer』. II.32.4. 이 주제에 관해서 하르나크의 앞에 인용한 책, 66을 볼 것.
56) 십자가 표지에 의한 많은 치료 사례가 F.J.Dölger, "Beiträge zur Geschichte des Kreuzzeichens," VII.16에 인용되어 있다: "Das Kreuzzeichen in der

■■ 귀신 쫓아내기(구마): 그 역할과 의미

마지막으로, 구마에 관해서 언급해야겠는데, 이것은 종교 치료 기술 가운데 독특하고 중요한 위치를 차지한다.

교회의 교부들에 의하면, 마귀와 악마는 특정한 질병의 뿌리에 있다. 대부분의 마귀와 악마의 행위는 간접적으로 나타나지만, 어떤 경우에는 사로잡음(possession)의 형태를 취한다.

하나의 마귀가 - 혹은 여러 마귀들이 - 한 사람의 몸과 영혼에 들어가 살면서 그의 건강을 유린하고 파괴하면서,57) "그의 육체와 영혼에 질병과 심각한 사건을 초래하고, 폭력을 사용하여 의외의 괴상한 말썽거리로 괴롭힌다."58) 복음서 저자들과59) 교부들과 성인들의 생애를 기록한 작가들이 그런 예를 많이 열거한다.

우리 시대의 많은 사람들이 그 사건을, 현대 의학이 과학적으로 설명할 수 있고 마음의 분석으로 꽤 쉽게 이해할 수 있는 현상에 관한 어떤 고대적인 이해라고, 마귀에 홀림(possession)의 관계를 보려고 한다. 그러나 영적인 원로들의 경험은 - 심지어는 성경 본문이나 성인전을 간단히 훑어보기만 해도 - 사실을 다르게 전하고 있으며, 훨씬 더 복잡한 사실을 알려준다. 그래서 복음서

Volksmedizin," 『Jahrbuch für Antike und Chirstentum』,7,1964,5-16. 특별히 Callinicos의 앞에 인용한 책, IV.8; XXII.9.14를 볼 것; 니사의 성 그레고리오, 『Life of St Macrina』 31; Theodoret의 앞에 인용문, IX.7; XXII.4, 5. St. John Moschus, 『The Spiritual Meadow(영혼의 목장)』 56. 『Miracles of Saints Cosmas and Damian』 28, ed. Deubner, 171-172. 『Life of St. Theodore of Sykeon』 31, 65, 67, 68, 72, 83, 85, 95, 110, 113.

57) 참조. 테르툴리아누스, 『호교론』 XXVII.9.
58) 같은 책, XXII.4. 참조. 타티아누스, 『그리스인과의 담론』 18.
59) 참조. O Böcher, Chirstus Exorcista의 『Dämonismus und Taufe im Neuen Testament』(Stuttgart,1972).

를 참조해 보면, 마귀에 홀림과 질병 혹은 연약함은 두 개의 다른 평면에 자리 잡은 실재가 순서대로 나타나는 것을 관찰할 수 있는데, 각각은 고유의 속성을 지니며 반드시 서로 연결되어 있지는 않다. 첫째로, 마귀에 홀림과, 질병 혹은 연약함은 인용구의 숫자로 분명히 구별된다.[60] 이 사실만으로는 그 둘을 같다고 할 수는 없다. 두 번째로, 그리스도의 기적으로 언급되는 대다수의 질병과 연약함은 어떤 면에서는 마귀에 홀림과 관계 있는 것으로 보이지 않는다. 세 번째로, 어떤 경우에는 두 가지가 서로 아무 상관이 없어서 한 사람이 마귀에 홀림과 질병(혹은 연약함)을 둘 다 겪는다. 그래서 성 마태오는 말했다. "사람들이 마귀 들린 이들을 예수님께 많이 데리고 왔다. 예수님께서는 말씀으로 악령들을 쫓아내시고, 앓는 사람들을 모두 고쳐 주셨다"(마태 8,16). 우리는 여기서 그리스도께서 두 가지 연속되는 행동을 하셨음을 본다. 하나는 마귀를 쫓아내심이고, 다른 하나는 치료하심이다. 그러나 질병과 마귀에 홀림이 하나라서 동일하거나 혹은 하나가 다른 하나를 초래하였다면, 첫 번째 행동으로도 충분하였을 것이다.

이렇게 다양한 토론으로, 질병은 독특한 병인을 지닌 독자적인 것으로 보아야 한다는 결론에 이르게 된다. 그리고 이것은 질병이나 연약함이라는 특별한 범주의 경우만이 아니다. 즉, 어떤 경우에는 마귀에 홀림(possession)의 결과라고 생각되는 것들이 다른 경우에는 자연적으로 생겨난 것으로 암암리에 간주되는 것과 동

---

[60] 참조. 마태 4,24; 8,16; 10,1.8; 마르 1,32.34; 3,2.10-11; 6,13; 16,17-18; 루카 4,40; 6,18; 7,21; 8,2; 9,1; 13,32. 자연적으로, 교부들은 같은 경우에도 차이를 둔다. Theodoret의 경우, A. Adnès and P. Caniver, "Guérisons miraculeuses et exorcismes dans l'histoire:Philothee de Theodoret de Cyr," 『Revue de l'histoire des religions』,171,1967,166-174를 보라.

일하다. 이것이 바로 복음서에서 귀머거리, 벙어리, 소경을 마귀에 홀린 것으로 생각하지 않는 이유이다.61) 반면에 같은 증상을 나타내는 다른 사람들은 마귀에 홀린 것으로 본다.62) 마찬가지로, 어떤 중풍병자들은 마귀에 홀렸고,63) 어떤 사람들은 그렇지 않다.64)

같은 경우에도 차이가 있는 것은 간질을 앓는 사람들의 예에서도 마찬가지이다. 어떤 사람들은 마귀에 홀렸다(possession)고 불리지만65), 다른 사람들은 분명히 '마귀 들린 사람들'(demoniacs)과 구별된다.66)

그래서 마귀 들렸다는 병인론을 주장하는 것은 다른 방법으로는 그 상태를 전혀 설명할 수 없기 때문이라는 것이 분명하며, 또한 자연발생적으로 생기는 것이 유일한 원인은 아니라는 것을 보여준다. 더구나 특정한 질병이나 연약함의 증상으로 그것이 자연발생적인 것인지 혹은 마귀 들려 생겨난 것인지를 밝힐 수는 없다. 왜냐하면, 둘 다의 경우에 있어서, 종종 상당히 비슷하게 나타나기 때문이다. 오직 식별할 수 있는 은사(참조. 1코린토 12:10)

---

61) 참조. 마태 9,27-30; 15,30-31; 20,29-34[//마르 10,49-53//루카 18,35-43]; 마르 7,32-35; 8,22-25[//요한 9,17]; 10,46-53.
62) 참조. 마태 9,32-33[루카 11,14]; 12,22; 9,17-27. 같으면서도 차이가 있음을 볼 수 있다. 예를 들어, 『시케온의 성 테오도레의 인생』에서; 94(귀신 들려 벙어리가 됨); 61,65,67,95,110(벙어리이지만 귀신 들리지 않은).
63) 참조. 루카 13,10-16.
64) 참조. 마태 4,24; 9,2-7//마르 2,3-12//루카 5,18.25. 같으면서도 차이가 있는데, 예를 들어, 『칼리니코스의 하이파티오스의 인생』에서 IX.4-6 첫 번째 예; XXXVI.6 두 번째 예.
65) 참조. 마태 17,14-18//마르 9,17-22//루카 9,38-42. 그리고 『시케온의 성 테오도레의 인생』에서 108과 156 첫 번째 예; 68,83,85,102,107,110,154,156,159 두 번째 예.
66) 참조. 마태 4,24.

를 지닌 영적 통찰력만이 식별 할 수 있다.

이렇게 여러 가지를 고려해보면, 실재는 간단하지 않으며, 현상의 수준 – 실질적인 외관에서 오는 – 에서만 보고 판단하는 의학의 임상적 시각과 문제들의 참된 본질을 깊숙이 들어가면서 '과학'의 겉모습에 문제들의 근본적인 실재에 관한 지식을 더해주는 영적인 지각 사이에 차이가 있다는 것을 깨닫게 된다.

그러므로 사람이 주어진 질병이나 연약함 속에서 마귀 들렸음을 알았다면, 다른 경우들에서 이런 것들이 순전히 자연적인 원인일 수 있다는 것을 알았다 해도, 마귀를 쫓아내기(구마:exorcism)에 의지할 수 있다.

그리스도께서 마귀들을 쫓아내는 것은 하나의 구원의 표지이다. "내가 하느님의 영으로 마귀들을 쫓아내는 것이면, 하느님의 나라가 이미 너희에게 와 있는 것이다"(마태 12,28). 그리고 성 요한은 말한다. "그래서 악마가 한 일을 없애 버리시려고 하느님의 아드님께서 나타나셨던 것입니다"(1요한 3,8). 아담의 죄를 통하여 귀신과 마귀들의 힘이 풀려 전 세계에 퍼져서 세상 안에서 사악한 일을 자행하고 있다. 새로운 아담인 그리스도의 역사(役事)를 통하여 이 힘은 깨어지고 다시 성령의 권능 아래 복종하게 되었다. 인류는 육화한 말씀이신 인간 안에서 하느님과 재결합되고, 본래의 상태와 본래의 운명의 축복을 회복한다. 이것이 그리스도께서 열 두 사도들에게, 그 다음엔 일흔 두 명의 제자들에게 마귀들을 극복할 수 있는 능력과 권위를 주서서 마귀들을 내쫓게 하시고(루카 9,1; 마태 10,1; 마르 3,15), '적의 능력'을 발아래 짓밟게 하도록 보여주신 것이다. 단지 그리스도의 이름으로 간구함으로써, 사탄의 왕국은 번개처럼 하늘에서 떨어지는 사탄과 같이 멸망하게 된다(참조. 루카 1,17-18). 그리고 세상의 민족들은 "어둠에서 빛으로, 사탄의 권세에서 하느님께로 돌아오게"(사도 26,18) 된다. 인간을 정복 하려는 사탄의 힘은 세례를 통하여 암시하는 힘으로 줄어들었고, 반면에 모든 그리스도인은 마귀를 도망치게 만들고 마귀들에게 대적하는 능력을 받았다(야고 4,7).[67] 이런 능력이 사도들에게 주어졌듯이 일부 사람들에게도 주어져서, 그 힘으로 마귀에 홀린 사람에게서 마귀를 쫓아내고 이런 마귀에 홀림으로 생긴 병을 고치게 되었다.

구마의 은사는 초기 그리스도교 시대에는 널리 퍼져 있었고, 많은 작가들은 그것이 공공연히 행해진 것처럼 그 사실을 언급했다.[68] 오리게네스에 의하면, "그리스도인들 가운데 비둘기의 형태로 나타난 이 성령의 흔적이 남아 있다. 그들은 악마들을 내쫓고 많은 병을 고쳤다."[69] 성 유스티노에 의하면, "우리 세계, 우리 도시에는 마귀 들린 사람들(demoniacs)이 많은데, 그들을 구마예식이나 마술이나 약으로 고친 것이 아니다. 본시오 필라도 통치시절에 십자가를 지신 예수 그리스도의 이름으로 마귀를 저주하는 우리의 그리스도인들이 치유했고, 오늘날까지 계속해서 사람들에게 붙어 있는 마귀들을 제압하고 쫓아냄으로써 많은 사람들을 고치고 있다."[70]

구마는 우리가 잃어버린 왕국을 그리스도께서 인간에게 되찾아

---

67) 참조. 카르타고의 성 치프리아노, 『a Donat』 V.
68) 참조. 오리게네스, 『Adv. Celsus I.46; 안티오키아의 성 테오필로, 『아우톨리쿠스에게』 II.8; 카르타고의 성 치프리아노, 『a Demetrianus』 15; 『Quod idola dii non sint』 7. Lactantius의 『Divinae Institutiones』 IV.27.
69) 『Adv. Celsus』 I.46.
70) 『두 번째 변명』 6.

주시는 표지이고, 우리가 사탄에게 넘겨준 힘을 우리를 대신하여 회수해 주시는 표지이다. 사탄의 자리는 만군의 주님의 이름 아래에 있다.71) 악마들이 제압되고 쫓겨나는 것은 그리스도의 이름을 통해서이다.72) 테르툴리아노는 이렇게 말했다. "악마에 대해서 우리가 가지고 있는 모든 영향력과 힘은 그리스도의 이름을 발음할 때 그 위력을 이끌어낸다."73) 성 유스티노에 따르면, "하느님의 아들의 이름으로 쫓겨난 모든 악마들은 […] 패배하고 제압된다."74) 더구나 악마들은 이 이름을 듣는 것조차 견디지 못한다.75) 악마들은 다른 무엇보다도 이 이름을 두려워하는데, 그것은 이 이름이 자신들의 패배와 처벌을 뜻하기 때문이다.76)

그리스도의 이름으로 기도하는 것은 필요한 반면에, 그럼에도 불구하고 이 일에 충분하지 않을지도 모른다. 왜냐하면 하느님께서는 사람이 승리를 거두는 힘을 받을 자격이 있을 때에만 그 힘을 넘겨주시기 때문이다. 하느님은 당신의 이름을 간청하는 사람들에게 그들의 믿음과 마음의 순수함의 정도에 따라서 이 힘을 주신다. 우리는 복음서에서 제자들이 마귀 들린 간질 환자를 자유롭게 해주지 못한 구절을 기억할 것이다. 그리스도께서 이 마귀

---

71) 이 『대화』에서(30), 성 유스티노는 전통적인 구약을 참조하면서, 그것을 마귀들에 대한 승리와 동일시한다.
72) 참조. 루카 9,49-50; 10,17; 마르 9,38; 성 이레네오, 『Adv. Haer』. II 6,2; 오리게네스, 『Adv. Celcus』 I.6;III.24; 테오도로, 『시리아 수도자들의 역사』 XXII. 십자가 표지는 그리스도의 인장과 죽음에 대한 그리스도의 승리로도 사용되었다. 참조. 아타나시오, 『안토니오의 인생』 XXXV; 『성육신에 관하여』 XLVII.; 칼리니코스, 『하이파티오스의 인생』 XXII.14.
73) 『변명』 XXIII.15. 참조. 오리게네스, 『Adv. Celsus』 I.6.
74) 『대화』 85.
75) 참조. 아타나시오, 『안토니오의 인생』 XL; XLI.
76) 성 유스티노, 『대화』 30; 테르툴리아노, 『변명』 XXIII,15-16; 오리게네스, 『Adv. Celsus』 I.6.

를 내쫓으신 후에 제자들이 물었다. "어찌하여 저희는 그 마귀를 쫓아내지 못하였습니까?"(마태 17,19). 그리스도께서 대답하셨다. "너희의 믿음이 약한 탓이다"(마태 17,20). 그래서 우리는 그리스도께서 다시 말씀하시는 당신에 대한 굽히지 않는 믿음과 단호한 헌신의 필요성을 이해하게 될 것이다. "내 이름으로 기적을 일으키고 나서, 바로 나를 나쁘게 말할 수 있는 사람은 없다"(마르 9,39). "수도원장 안토니오의 제자인 수도원장 피티리온(Pytirion)이 말했다. '마귀를 쫓아내기를 원하는 사람은 먼저 [자신의 내부에 있는] 정욕을 억제해야 한다.'"77) 구마를 수행하고자 하는 사람이 정욕의 정화와 덕을 실천을 통하여 충분히 그리스도와 연결되어 있지 않으면, 마귀들의 힘이 돌아서서 그를 덮칠 것이다. 사도행전에 나오는 유다인 구마자들의 이야기가 이 사실을 입증한다(19:13-17). 그들이 "'바오로가 선포하는 예수님의 이름으로 너희에게 명령한다.' 하면서, 악령 들린 사람들에게 주 예수님의 이름을 이용해 보려고 시도하였다. 그런데 […] 악령이 그들에게 "나는 예수도 알고 바오로도 아는데 너희는 누구냐?" 하였다. 그때에 악령 들린 사람이 그들에게 달려들어 그들을 모조리 억누르고 짓누르는 바람에, 그들은 옷이 벗겨지고 상처를 입어 그 집에서 달아났다." 성 바오로와 다른 사도들과 성인들이 그리스도의 이름을 간구할 때 힘이 생기는 것은 그들의 삶이 신성했기 때문이다. 그래야만 그분의 힘이 뿜어져 나올 수 있다. 순수함 외에, 마귀를 쫓는 사람(exorcist)이 갖춰야 할 한 가지 덕성은 바로 겸손함이다. 왜냐하면 겸손하지 않으면 그는 아무 것도 할 수 없기 때문이다.78) 인간이

---

77) 『Apophthegmata(격언집)』, Pytirion, 1.
78) 성 아타나시오, 『안토니오의 일생』 XXXVIII. 성인들의 전기는 마귀들에 대

자신의 무력함을 알고 자기 자신을 내던져 버릴 때에만 그리스도께서 인간 안에 거처하실 수 있고, 그가 성령을 통하여 성부 하느님의 이름 안에 있는 신적인 능력을 가지신 그리스도를 입을 수 있기 때문이다. 결국, 구마자는 이웃에 대한 깊은 사랑으로 감동되어야 하고, 특별한 목적이 있어서라기보다는 불쌍히 여기는 마음으로 순수하게 행동해야 한다.

첫눈에는 그렇게 보일 수 있겠지만, 구마는 기술이 아니다. 말하자면 특별한 주술을 통하여 이루어지는 어떤 마술적인 과정 같은 일이 아니다. 구마가 효율적이려면, 무엇보다도 구마를 실행하는 사람이 영적으로 편안해야 한다. 하르나크(Harnack)는 다음과 같이 강조한다. "치유하는 것은 기도가 아니라 기도하는 사람이다. 정해진 형식이 치유하는 것이 아니라, 성령께서 치유하신다. 구마의식이 고치는 것이 아니라 구마자가 치유한다."[79]

초기 그리스도교 시대에는 기적적인 치유와 함께 구마의식이 널리 퍼져 있었지만, 그 다음 세기에는 훨씬 줄어들게 되었다. 이에 대한 몇 가지 이유로, 구마의식이 그 직접적인 목적 이외에 '표지'로서 특정한 가치를 지니는 것에 대해서는 이미 진술하였다. 그럼에도 불구하고, 특별히 그리스도교의 교세가 확장됨으로 인하여, 교세가 그 강도를 유지하는 한편으로 마귀의 활동은 형태를 바꾸어서 다르게 나타나게 되었다. 즉, 마귀의 활동은 옅어져서 좀 더 포착하기가 어려워졌고, 정확하게 지적하기가 어려워졌으며, 덜 명백해졌다. 성 요한 카시아노는 이렇게 썼다. "우리

해서 위대한 힘을 갖는 사람은 '평범한 사람'이라는 것을 보여준다. 예컨대, 팔라디우스, 『Lausiac History』 XXII, "평범한 사람 바오로" par.9 그리고 "성 이노센트의 일생" XLIV을 볼 것.
[79] 앞에 인용한 책 속에서, 106.

는 우리의 경험이나 원로들의 증언을 통하여 우리 시대의 악마들이 더 이상 이전의 힘을 갖고 있지 않다는 것을 알 수 있다." 그는 이런 현상에 대해 두 가지 적절한 이유로 설명했다. "아주 깊은 사막까지도 들어와 있는 십자가의 가치와 어디서나 빛나는 십자가의 은총으로 인하여 마귀들의 악의가 억압되었거나 혹은 […] 악마들이 눈에 보이는 공격을 하지 않는 것이 우리를 속이는 역할을 했으며, 더 무자비한 패배를 우리에게 안겨주는 역할을 하고 있다."80) 두 번째 설명에 의하면, 악마들은 특별히 영적인 삶을 사는 사람들을 공격하고, 그런 사람들의 경계를 피하기 위해서 그들이 영적 식별을 덜 하게 만드는 수단과 형태를 취한다.

치유를 위한 일반적인 의지거리가 되는 것은 일찍감치 중단했지만, 그럼에도 불구하고 구마의식들은 여전히 어떤 경우들에는 사용되고 있고, 질병이나 연약함으로부터 많은 사람들을 자유롭게 하는 데 효율적이라는 것이 증명되었다.81)

세속 의학의 역할

특별히 종교적인 이 모든 치유 수단과 더불어 그리스도인들은 그리스도교 시대가 시작된 이래로, 그리고 구약의 전통을 직접적으로 계속하면서 그들 시대의 의학이 제공하는 모든 세속적인 수

---

80) 『연차 총회』 VII.26.
81) 많은 경우들이 『시케온의 성 테오도로의 일생』에 열거되어 있다. 오늘날 러시아에서의 구마에 관해서는 T. Goricheva의 증언, 『Parler de Dieu est dangereux』(paris,1985), 137-139를 볼 것.

단에도 의지했다.

우리는 복음사가 루카의 직업이 의사였음을 안다.[82] 그러나 그가 개종한 후에도 이 의사 직업을 계속 수행했는지는 알 수 없다. 그렇지만 처음 백년 이래로, 많은 그리스도인들이 의사로서 일을 했다고 전해온다. 체사레아의 에우세비오(Eusebius)는 특별히 프리기아 사람 알렉산더에 관해 언급했다. "직업이 의사로서, 골(Goul) 지방에서 개업을 하고 있으며, 하느님을 사랑하는 것이 모든 이에게 알려져 있다."[83] 의사들 중 많은 사람이 사제였는데, 시돈의 사제이면서 의사인 제노비오(Zenobius)와[84] 베드로 같은 이들은 "사제직의 영예로 존경을 받고 있었을 뿐만 아니라 육체를 고치는 기술로도 존경을 받고 있었다."[85] 어떤 사람, 특히 티베리아스(Tiberias) 같은 사람은 주교였다.[86] 안치라의 바실리오는 콘스탄티누스 대제 때 사람인데, 예로니모는 그가 "의학 기술을 알게" 되었다고 말했다.[87] 라오디케아(Laodicea)의 주교이자 의사인 테오도레투스(Theodoret)에 대해서 에우세비오는 "이 사람은 자기가 한 일로 이름을 얻었고[88] 주교 직무와 그리고 무엇보다도 육체를 고치는 과학에서 성공적이었다."라고 기록했다.[89] 키프로스에서는 트리미톤토스(Trimithontos)의 주교인 요한이 그러했고,[90] 그리스의

---

[82] 콜로 4,14.
[83] 『교회사』 V.I.49. 참조. 하르나크, 앞에 인용한 책에서, 40-41.
[84] 에우세비오, 앞에 인용한 책에서, VIII.13; 하르나크, 앞에 인용한 책에서, 44-45.
[85] 치루스의 테오도레투스, 『편지』 114.
[86] 참조. 하르나크, 앞에 인용한 책에서, 45-46.
[87] 『Des bonnes illustres』 89.
[88] 테오도레투스는 여기서 치료의 일종을 언급한다.
[89] 에우세우스, 앞에 인용한 책에서, VII.32; 참조 23. 참조. 하르나크, 앞에 인용한 책에서, 45.

의사인 제란티오스(Gerantios)는 니코메디아(Nicomedia)의 주교로 성품되었는데, 이들 중 많은 이들이 자신의 의학 기술을 계속 수행함으로써 많은 인기를 얻었다.[91]

시리아에서는 총대주교(Patriarch)인 테오도시오(Theodosius)가 유명한 의사였고,[92] 폴리티아노(Politianos)는 알렉산드리아의 총대주교로 선출된 이후에도 수시로 자기의 의술을 계속해서 시행하였다.[93] 그 외에 다른 예들도 많이 들 수 있다.[94] 우리는 또한 몇몇 교부들이 관심과 존중하는 마음으로 의학 기술을 유지하였음을 안다. 그들 중에는 니사의 그레고리오가 있었고,[95] 나지안조의 성 그레고리오와 성 바실리오는 연구하는 중에 의학을 배우기 시작했으며,[96] 에메사(Emessa)의 주교 네메시오(Nemesius),[97] 펠루시아의 성 이시도로(St. Isidore of Pelusia),[98] 시케온의 성 테오도로(St. Theodore of Sykeon),[99] 총대주교 성 포티우스(St. Photius),[100]

---

90) 파포스의 테오도로, 『La Légende de St Spyridon, évéque de Trimithonte』, Louvain, 1953,15-16,91-92.
91) 소조멘(Sozomen), 『교회사』 VIII.6.3-9.
92) According to Barhebracus 『Chronique syriaque』. 참조. R. Duval, 『La litteratura syriaque』(Paris,1899), 273.
93) 참조. Papadopoulos, 『Historia tes Ekklesias alexandrias』(Alexandria, 1935), 511-512.
94) 참조 하르낙, 앞에 인용한 책에서, 1장, "Christliche Ärzte," 37-50; D.J.Constantellos, "중세 그리스 교회의 의사 성직자들," 『그리스 정교회의 신학적인 검토(The Orthodox Theological Review)』, 12, 1966-1967, 141-153.
95) M. E. Keenan, "니사의 성 그레고리와 의학적인 직업," 『의학 역사 회보』, 15, 1944, 150-161을 볼 것
96) 참조. 나지안조의 성 그레고리오, 『성 바실리오의 찬미』,XXIII.6. M. E. Keenan, "나지안조의 성 그레고리오와 초기 비잔틴 의학," 『의학 역사 회보』, 9, 1941, 8-30을 볼 것; M. M. Fox;『업적으로 보는 위대한 성 바실리오의 시대와 인생』, "가톨릭대학 교부학 시리즈" no. 57(워싱턴, 1939), 13-17.
97) 그의 유명한 논문, 「사람의 본성에 관하여」, PG40.504-818.
98) 참조.『편지』 71,191,228.

수사 멜레티오스(Meletios the Monk)가 있었다.101)

더구나 로마에서는 200년경에 그리스도인들이 갈레노스(Galen)의 업적을 읽을 수 있고 감사할 수 있게 되었다.102) 갈레노스의 의술에 대한 관심은 점점 커졌고, 널리 퍼져서 3세기에는 그의 진단법과 치료법이 전 그리스도교 세계에 영향을 미치게 되었다.103) 생리학이나 육체 의학을 말할 때 교부들은 보통 히포크라테스나 갈레노스가 만든 범주를 사용하였는데,104) 비잔틴 의학이 이를 채택하였고, 비잔틴 의학은105) 이 범주 위에 설립되었다. 그러나 아직도 새로운 방식으로 발전되고 있다.106)

---

99) 참조. P.Hordern, "초기 비잔틴 제국의 성인들과 의사들, 시케온의 테오도로의 경우"의 『교회역사 연구』, 19, 1982, 1-13.
100) 참조. 『편지』 230,ed. J. Valetta. 런던, 1864-543-544; W.Treadgolg, 『포티우스 서고의 특징』(워싱턴, 1980), 103.
101) 그의 논문을 볼 것: 「인간의 창조에 관하여」, PG64.1075-1310.
102) 참조. 하르나크, 앞에 인용한 책에서, 42.
103) P. Lain Entralgo, 앞에 인용한 책에서, 93,94.
104) 참조. 안치라의 바실리오, 『De Virginitate(동정성에 관하여)』 IX; XII; 니사의 성 그레고리오, 「동정에 관한 논문」 XXII. 1-2; 『인간의 창조』 I, XII, XIII, XXX; 『우리의 교부들에 관한 강론집』 IV. 2; 체사레아의 성 바실리오, 『천지창조』 6일 V.4,5,8; 신신학자 성 시메온, 『교리문답집』 XXV.65-68; 치루스의 테오도레투스, 『시리아 수도자들의 역사』 XVII.5,8; 『Thérapeutique des maladies belléniques』 V.82; 『섭리에 관한 담화』 III,IV,VI. 이 작가와 이 주제에 관해서는 P.Canivet, 『Histoire d'une entreprise apologétique an Vè siècle』(파리, 1958), 117과 307-308; "Guérisons miraculeuses et exorcismes dans l'Histoire: Philothée de Theodoret de Cyr,"71-75; 『Le Monachisme Syrien sclon Théodoret de Cyr』(파리, 1977), 132.
105) 위대한 비잔틴 의사들, Oribas(4세기), Jacques le Psychestre(5세기), Caelius Aurelianus(5세기), Actius of Amida(6세기), Alexander of Tralles(6-7세기), Paul of Egina(7세기), Theophilus Protospatharios(7세기), Thephanes Nannos(10세기), 그리고 MIchael Psellos(11세기)는 주요한 갈레노스 전통의 백과사전 편집자와 편찬자로 알려졌다. 참조. Brunet, "Les médecins grecs depuis la mort de Galien jusqu'à la fin de l'Empire d'Orient," in Laignel-Lavastine의 『Histoire generale de la medecine』(파리, 1936), t.I, 433-463.

비잔틴 사회의 조직을 고려해볼 때, 의학 연구의 발달과 적용을 반드시 교회 당국이 뒷받침하였을 것이고107), 특별히 비잔틴 제국에서는 수도원과 교회 설립 학교가 의학 교육의 중심이 된 듯하기 때문이다.108)

의학은 일반적으로 자선을 실행하는 특별한 방법의 하나로 보인다.109) 그럼에도 불구하고, 다른 때에는 일부 의사들의 비행과 더불어서 의술이 잘못 사용되어 비난받았다.110)

육체를 고치는 의술은 똑같이 좋은 일과 나쁜 일이 될 수 있고,111) 영적인 관점에서 보면 의학의 가치는 그것을 실행하는 사람의 태도에 달려 있다고 단정할 수 있다.112)

---

106) 비잔틴 의학이 처음에 공헌한 것에 대해서 최근에 다양한 관점에서 강조되고 있다. J. Scarborough가 편찬한 다양한 공헌을 볼 것, 『비잔틴 의학에 관한 심포지움, Dumbarton Oaks Papers』, 38(워싱턴, 1985).
107) 참조. S. S. Harakas, "동방교회 전통의 '이성 의학'", 『그리스 동방교회 신학 비평』, 33, 1988, 24-30.
108) O. Temkin, "비잔틴 의학, 전통과 경험주의,"Dumbarton Oaks Papers, 16, 1962, III.
109) 참조. 성 바실리오: "의술을 실시하는 모든 사람들은 또한 박애주의자라고 불린다"(『편지』 CLXXXIX.1). T. S. Miller, 『비잔틴 제국의 병원 탄생』(볼티모어, 1985), 50-62를 볼 것.
110) 성인들의 전기에서 이런 비평은 일반적이었다. T. S 밀러, 앞에서 인용한 책에서 62-66을 볼 것; P. Hordern, 앞에 인용한 책에서 1-13; V. Nutton, "갈레노스부터 알렉산데르까지, 오랜 옛날 중세 의학의 양상", 『비잔틴 의학에 관한 심포지움, Dumbarton Oaks Papers』, 38, 1985, 6; H. J. Magoulias, "6세기와 7세기의 비잔틴 의학의 역사를 위한 기초 자료로서 성인들의 생애", 『Bysantinische Zeitschrift』, 57, 1964, 129-132; A. Kazhdan, 『비잔틴 의학의 논문집』에 있는 "10세기에서 12세기까지 비잔틴 문학에 나타나는 의사의 이미지," 『비잔틴 의학에 관한 심포지움, Dumbarton Oaks Papers』, 38, 1985, 43-51, 여러 곳. 성 마르코가 하혈병 걸린 여자의 이야기를 열거할 때 사용한 표현을 주목하라(마르 5,26): "그 여자는 숱한 고생을 하며 많은 의사의 손에…"
111) 참조. 오리게네스, 『Adv. Celsus』 III.12; VL.96.
112) 참조. 오리게네스, 같은 책, III. 13; 『민수기에 관한 강론집』 XVIII.3.

교부들은 의사들이 다른 사람들처럼 직업을 수행한다고 생각했다. – 사회에서 통용되는 분류에 보조를 맞추어서, 성 바실리오는 그들을 장인(匠人) 명부에 올렸다 – 그러므로 그들의 직업교육은 목수나 배의 선장보다 더 영적이라고 할 수는 없고, 현존하는 학교에서만 실시되었다.113) 육체의 질병을 치료하는 것과 관련하여, 교회는 고유의 원칙을 엄격하게 공언할 수 없고,114) 오히려 교회가 속해 있는 사회에 널리 유포되어 있는 진단과 치료의 방법을 받아들였다.115) 성 그레고리오 팔마스는 다음과 같이 확언했다. 생리학의 영역에는 의견의 자유가 있다.116)

그러므로 집회서의 조언에 의하면, 그리스도인들이 의사를 요청하고 처방을 따르는 데 방해될 것이 아무것도 없었다. "그 다음에는 의사에게 맡겨라. 주님께서 그를 창조하셨다. 의사가 너를 떠나지 못하게 하여라. 그가 너에게 필요하다. 치유의 성공이 의사의 손에 달려 있는 때가 있다"(집회 38,12-13). 기회가 생기면 교부들이 똑같이 추천한다.

---

113) 참조. 오리게네스, 『Adv. Celsus』 III.13.
114) 이 백년 경에 로마에서(참조, 에우세비오, 『교회사』 V,XXVIII.14-15), 갈레노스의 학교를 다니던 그리스도인 무리들이 학교를 비난한 것은 이 학교의 의학적인 신념에 의한 것이 아니고 학교가 홍보하는 철학적인 이론에 의한 것인 듯하다(참조. 하르나크, 앞에 인용한 책에서, 40-41). 가장 유명한 비영리 의사들, 성 코스마와 성 다미아노, 그리고 성 판타레이몬은 히포크라테스와 갈레노스의 의학 전통에서 형성 된 것으로 그들의 전기에 나타나 있다(참조. "성 코스마와 성 다미아노의 생애", 『Analecta Ballandiana』, I, 1882, 589; 시메온 메타프라스테스, 『성 판타레이몬의 생애』, PG115. 448-449).
115) T. S. 밀러, 앞에 인용한 책에서 163-166; M. E. Keenan, "나지안조의 성 그레고리오와 초기 비잔틴 의학," 26-30; "니사의 성 그레고리오와 의학 직업," 154-157.
116) 『삼자관계』 II.2. 30.

오리게네스는 "의학은 인간에게 유용하고 필요하다."고 주장한다.117) "아플 때 의사를 요청하는 데 방해되는 것은 아무것도 없다."라고 포티케의 디아도코는 언급한다.118) 성 바르사누피우스는 "아픈 사람에게는 자기를 낫게 해줄 의사가 필요하다는 것을 우리는 매우 잘 알고 있다."119)라고 쓴다. 성 바실리오는 "의술의 도움을 거부하는 것은 오로지 완고하기 때문이다."라고 한다.120) 치루스의 성 테오도레투스는 그의 시대에 유행하던 시술에 대해 언급한다. "병의 공격을 받고 괴로워하는 사람이 의사를 요청하여 모든 병에 맞서 과학의 무기와 동맹하는 것은 관례이다."121)

더구나 의학이 사회적인 제도가 된 것은 특정한 그리스도인들의 영향으로 인해서이다. 스탠리 하라카스 신부(Fr. Stanley Harakas)는 다음과 같이 썼다. "의학이란 직업을, 환자를 체계적으로 치료하고 돌보는 병원 체제로 제일 먼저 조직화한 것은 동방 정교회이다. 교회 성직자들은 의사들에 대해서 중요하게 이야기했을 뿐만 아니라, 그들을 알려지지 않은 방법으로 이용하여 교회의 박애주의 목표를 이루기도 했다. 비잔틴 병원은 동방 정교회의 전통과 합리적 의학 사이에서 건전하고 유익한 상승작용의 가장 결정적인 증거가 된다."122)

사실, 4세기에 현대 병원의 선구자가 생긴 것은 비잔티움에서이고, 교회가 주도적으로 전문적인 의사를 고용, 지불, 조직화한

---

117) 『Adv. Celsus』 III.12.
118) 『백번 째 장』 53.
119) 『편지』 424.
120) 『위대한 규칙』 55.
121) 『섭리에 관한 담화』 III.
122) "동방 정교회 전통의 '합리적 의학,'" 31.

것으로 추측할 수 있다.123) 밀러(T. S. Miller)는 주저하지 않고 다음과 같이 썼다. "비잔틴 병원(xenones)은 아픈 사람들에게 의료 서비스를 제공하는 최초의 공공시설이었을 뿐만 아니라, 중세 내내 병원 발달의 중요한 흐름이 되었으며, 그로부터 라틴의 서구제국과 회교의 동방제국이 동등하게 고유의 의학 체계를 만들게 되었다. 비잔틴 제국내의 환자를 위한 의료 센터의 출현과 발달을 거슬러 올라가면, 병원 역사의 첫 장이 될 것이다."124)

두 교부, 즉 성 바실리오와 성 요한 크리소스토모가 이 과정에서 매우 중요한 역할을 했다. 전자는 370년에 체사레아(Caesarea)의 교외에 병원을 지었는데, 모든 필요한 자격을 갖춘 직원들이 있었다.125) 이 병원은 그의 이름을 따서 '바실리아드'라고 불렀는데, 카파도키아(Cappadocia)와 다른 지방의 많은 병원들의 모델이 되었다.126) 성 요한 크리소스토모는 5세기 초에 코스탄티노플에 몇 개의 병원을 열었다.127) 이 두 가지 예는 서로 동떨어진 것이 아니다. 알렉산드리아 교회는 주교의 훈령으로 간호원 군단을 만들었는데, 416-418년에는 그 숫자가 500명을 넘었다.128) 테오도레투스는 치루스의 주교가 되자 의사 군단을 만들고129) 심지어 병원을 설립하려고 하였다.130) 페트라의 테오도로는 성 테오도시

---

123) T. S. Miller, 앞에 인용한 책에서, 4.
124) 같은 책. 의사 역사학자인 H. Sigerist는 같은 의견이다("병원 발달의 개요," 『의학 역사 회보』,4,1936,579.
125) 참조. 나지안조의 성 그레고리오, 『바실리오 찬미』 LXIII,1. 『편지』 XCIV, ed. Courtonne, vol. I,206; T. S. 밀러, 앞에 인용한 책에서 86-87을 볼 것.
126) Bilhmeyer-Tuchle, 『Histoire de l'Eglise』,t.I(파리, 1969), 343.
127) 팔라디우스(Palladius), 『요한 크리소스토모의 인생에 관한 대화』 V, SC 341,122.
128) 같은 책.
129) 치루스의 테오도레투스, 『편지』 114,115.

오가 수도원 안에 "[수도자들]이 편리하게 육체의 질병을 치료받는 집을 만들고, 의료 도움이 필요한 세속 사람들을 위하여 또 다른 집을 지정하였다. 마찬가지로 아픈 걸인들을 위하여 격리된 특별한 병원을 만들었다."라고 말한다. 동시에 그는 '다양한 관리들 군단'을 만들어서 "치료로 아픈 사람을 고치게 하고" 자신이 직접 "각각의 경우에 맞추어서" 질병을 치료하도록 지시했다.131) 12세기의 또 다른 유명한 수도원 병원은 팬토크라터 수도원의 병원이다. 이 병원의 봉사례132)는 잘 구비된 장비, 전문화된 팀, 정확한 명령, 잘 짜여진 의사들과 의료 보조원들이 실시하는 의료 치료와 더불어 병원이 매우 전문적인 조직이었음을 보여준다.

이 병원은 다섯 개의 전문과로 이루어져 있었고, 모든 필요를 처리하여 병원의 과업을 수행했다.133) 이 경우들은 예외가 아니다. 즉, 대부분의 수도 공동체들(수도원들, 스케테스)은 자체의 진료소와 시중드는 사람들,134) 나아가 때로는 수도자였던 의사도 자체적으로 있었다.135) 정부 병원은 부분적으로 성직자들로 채워졌

---

130) 참조. P. Canivet, 테오도레투스 소개, 『Thérapeutique des maladies heléniques』, SC57,t.I(파리, 1958), 18-19,47.
131) 『성 테오도시오의 생애』 16.
132) 봉사례는 '규칙'인데, 이에 따라 수도원 내의 조직과 역할이 정해진다.
133) 장비, 행정, 인사, 치료, 환자의 사회적인 출신에 관한 자세한 사항은 "Le Typikon du Christ Sauveur Pantocrator," ed. P. Gautier, 『Revue des Etudes Bysantines』, 32, 1974, 1-145와 T. S. 밀러의 앞에 인용한 책에서, 12-21의 훌륭한 요약에서 볼 수 있다.
134) 참조. 예를 들어, 『Life of St Dosithée』 I.4. 『Life of St Atbanasius the Atbonite』 37.
135) 참조. 『Apophthegmata(격언집)』 1493. 스키토폴리스의 치릴로, 『성 사바스 (St. Sabas)의 생애』 131,26. 그의 『Lausiac HIstory』 VII.4,에서. 팔라디우스는 일부 의사가 니트리아(Nitria) 사막 근처의 산에 살았다고 기록했다. Chapter XIII.1와 2에서, 같은 지역에 아폴로니오가 살고 있었는데, 그는 약제사로서 어떤 역할을 하면서 "알렉산드리아에서 모든 종류의 의학 제품을

고, 그들 중 많은 사람들은 감독관으로 임명되었다.[136] 수도원 환경 안팎에서 의료 시설의 출현과 운영에 수도자와 성직자들 상당수가 참여하게 된 것은 교회 당국의 지원이 없으면 불가능했을 것이다. 이 지원은 비잔틴 제국의 마지막까지 명백하게 이루어져서,[137] 터키의 지배 때까지 이어졌고,[138] 결국에는 다음 세기에 러시아에까지 계속되었다.[139]

그러므로 실제로 교회나 수도원 환경에서든 혹은 '세속의' 환경에서든 세속 의학을 수단으로 하는 것은 어떠한 문제가 되지 않았다.[140]

사서 그 공동체의 아픈 형제들에게 나누어 주었다."고 덧붙였다. 6세기와 7세기 비잔틴의 병원 치료 조직에 관해서는, H.J.Magoulias의 art.cit., 133-138을 볼 것. 비잔틴의 전 시대는 T .S. 밀러의 『비잔틴 제국의 병원의 탄생』(볼티모어, 1985)에서 "비잔틴 병원"의 『비잔틴 의학에 관한 심포지움에서의 덤바튼 경마 문서』, 38, 1985, 53-63을 볼 것.

136) 참조. D. J. 콘스탄텔로스(Constantellos), "중세 그리스 교회의 의사-성직자," 146-148; T. S.밀러, "비잔틴 병원" 59.
137) T. S. 밀러의 『비잔틴 제국의 병원의 탄생』(볼티모어, 1985), 33-34.
138) S. S. 하라카스, 『서구 종교 전통의 돌봄과 치유, 건강과 의학』에 있어서 "동방 정교회 전통", R. L. Numbers and D. W. Amundsen, eds., New York, 1986, 161-164.
139) F. Dorbeck, "러시아 의학의 기원," 『의학 생활』, 3,1923,223-233; N. Mandelker Frieden, 『개혁과 혁명시기, 1865-1905의 러시아 의사들』(프린스턴, 1981).
140) 고대와 중세에 사실이었던 것은 오늘날까지도 그렇다. 이것은 S. S. 하라카스의 연구로 드러났는데, 결과는 그의 기사에 요약되어 있다: "동방 정교회 전통의 '합리적 의학'", 40-43. 그의 작품 "동방 정교회 전통," 165-167을 볼 것.

과격주의자 입장

 그럼에도 불구하고, 그리스도교가 질병에 대하여 첫 번째 원인을 알려 주었다는 영적 정의에 대해서 언급했고, 그리고 전체 인간 존재를 치유하는 수단을 주는 종교 자체의 능력에 대해서 언급했고, 특히 그리스도를 유일한 의사로 간주하는 특별한 종교적인 치료 방법을 확립했다는 것에 대해서 언급해 온, 이런 세속 의학에의 의존은 결국은 놀라운 일이 될 수 있다.

 자신이 아플 때 특히 이 마지막 원리의 빛 안에서 세속 의학에 의존하기를 거절하는 그리스도인들이 있었다.

 타티아노와 테르툴리아노는 의술을 이용하는 것을 용인할 수 없는 일이라고 여기면서, 세속 의학에 의존하는 것을 비난했다. 테르툴리아노는 "이런 수단은 이교도에게나 맡기자! 우리의 성채는 믿음이다."라고 주장했다.[141] 그리고 타티아노는 "치료약으로 하는 어떠한 치료도 기만이다. 왜냐하면 물질의 속성을 신뢰함으로써 치유된다면, 하느님의 권능에 자신을 내어드림으로써 더 잘 치유될 것이기 때문이다. 어째서 물질을 신뢰하는 사람이 하느님을 신뢰하지 않겠는가?"[142]라고 썼다. 마찬가지로 시카(Sicca)의 아르노비오(Arnobius)는 의술이 이교도 문화를 나타내는 것이라고 공격하고, 의술은 허브나 연고를 쓰지 않고도 효과가 있는 하느님의 권능보다는 인간의 지식을 기초로 하는 것이라고 비난했다.[143]

 그러나 기본 원칙에 대한 그런 입장은 매우 드물다. 세 가지

---

141) 『Scorpiaces(전갈독 치유제)』 I.
142) 『그리스인과 담화』 20.
143) 『Adversus gentes(민족들을 반대하여)』 I.48, PL5-779B-781A; III. 23. 969A.

경우 모두 애매한 엄격주의에서 생겨났는데, 첫 번째 예는 몬타니즘(Montanism),144) 두 번째 예는 엔크라티즘(Encratism)145)과 연결되어 있고, 세 번째 예는 아마도 마르키온파(marcionites)에 영향을 받은 듯하다.146) 그러므로 그들을 전체로서 그리스도교의 규범을 따르는 것으로 볼 수 없다.147)

이것은 일부 수도원 환경이 세속 의학을 앞서가기 위해 개업했다고 말한 것이다. 그래서 성 그레고리오 팔라마스는 이렇게 기록한다. "일부 영적 교부들은 수도자들이 건강을 이유로 목욕을 하지 못하도록 했고,148) 뿐만 아니라 그들이 아플 때 의술을 이용하지 못하게 했다. 왜냐하면 수도자들은 하느님께 온전히 의탁했기 때문에 완전히 하느님께 의존해야 하고, 하느님이 그들의 선을 위해서 필요한 모든 것을 확실히 채워주시기 때문이다."149) 성 바르사누피오도 종종 의사와 약의 사용을 반대하도록 권고한

---

144) 테르툴리아노가 인용되어 있는 『Scorpiaces』는 213년으로 거슬러 올라가는 듯하고, 그가 교회로부터 분리되어 몬타니즘 운동에 집착하게 된 것이 207년이라는 것이 일반적으로 받아들여진다.
145) 타티아노의 『그리스인과의 담화』에서 이것을 인용했는데, 이 작품은 열정적으로 논쟁하여 그리스 문화에 속하는 모든 것을 조금도 구별하지 않고 일방적으로 비난한다. 게다가, 타티아노가 교회로부터 분리되어 엔크라티즘 운동을 발견한 데까지 거슬러 올라간다.
146) 참조. F. Schweidweiler, "Arnobius und der Marcionitismus," 『Zeitschrift für neutestamentlische Wissenschaft und die Kunde der älteren Kirche』, 45,1954,42-67. 마르키온은 의학에 대해 매우 적대적이었다. H. Schadewaldt, "Die Apologie der Heilkunst bei den Kirchenvätern," 『Veröffentlichungen der internationalen Gesellschaft Für geschichte der Pharmazie』,26, 1965, 127을 보라.
147) D.W.Amundsen, "초기 그리스도인의 의학과 믿음," 『의학 역사 공보』, 56, 1982, 343-350.
148) 목욕요법은 히포크라테스-갈레노스 의학에서 권하는 중요한 치료법 중의 하나이다. 이 치료법은 예를 들자면 테오도렛의 『섭리에 관한 담화』 II. 581B와 나지안조의 성 그레고리의 『기도』 XXVIII, 61-64에 인용되어 있다.
149) 『삼자관계』 II.1.35.

것으로 알려져 있다. 그의 영적인 자녀 중 한명이 아플 때 치료법을 이용할지를 묻자, 성 바르사누피오는 다음과 같이 말했다. "모든 소망을 하느님께 두라. 그러면 편안해질 것이다."150) 그는 또 다른 사람에게 말했다. "아픈 사람들은 의학을 경멸해야 하고 […] 최고조의 믿음에 다다라야 한다."151) 세 번째 사람이 그에게 다음과 같이 물었다. "내 생각에는 '당신이 병에 걸리면, 의사에게 아픈 곳을 보여주어야 합니다. 의학이 없으면 고칠 수 없기 때문입니다.' 그러나 사람들은 '치료법에 의지하지 않고 오히려 거룩한 성인들을 의지하는 것만으로 충분하다.'고 합니다. 나는 당신께 기도합니다. 자비심 많으신 교부님, 제가 어떤 생각에 귀를 기울여야 할지 말씀해 주세요." 성 바르사누피오가 대답했다. "형제여, 당신이 육신의 병에 대하여 걱정하는 것을 볼 때, 교부들은 편견을 갖고 있지는 않지만, 두 번째 생각이 첫 번째 것보다 더 좋아 보입니다."152) 그는 두 가지 경우를 상세하게 비교하면서 설명했다. 첫 번째 생각은 믿음이 없음을 나타내며, "겁 많음, 약한 믿음의 뿌리가 되는 소심함과 같아서 하느님으로부터 사람을 분리시키는 의심의 어머니가 됩니다." 이 생각은 하느님의 섭리를 의심하게 하고, 마음을 빼앗겨서 나쁜 선입견에 굴복하게 한다. 또한 경계를 소홀히 하게 하여 고통 받고 낙심하는 영혼이 되게 한다. 두 번째 생각은 한편으로는 "하느님에 대한 완전한 믿음을 나타내고" 미덕을 시험받게 하는 인내를 포함하며(로마 5,4) 여기에서부터 소망이 생겨난다. 또한 하느님을 신뢰하게 되어 사

---

150) 『편지』 32.
151) 『편지』 529.
152) 『편지』 532.

로잡힘을 제거하고 "사람을 걱정 근심으로부터 자유롭게 하며 하느님께 모든 짐을 내려놓게 한다." 그래서 "숨어 있는 모든 질병을 보시는 하느님께서는 또한 나의 질병도 치유하실 수 있다"는 것을 알게 되며, 하느님께서 인간의 영혼에 평화를 가져오시고, **질병이 다가오는 것**으로부터 지켜주시며, 감사기도를 드리도록 이끌어 주시고, 욥의 인내에 참여하여 사람이 자신의 질병을 참아내게 한다.153)

이와 같은 전망에서, 성 마카리우스는 다음과 같이 썼다. "육신의 병으로 늘 세상의 의사에게 진찰받지 마라. 그리스도께 너 자신을 맡기면, 그리스도께서 너를 고치실 수 없겠느냐? 얼마나 너 자신을 속이는지 보라. 믿음을 가져야 함에도 불구하고, 진실로 믿지도 않으면서 믿음이 있다고 생각하기 때문이다. 만일 네가 그리스도께서 죽지 않는 영혼의 영원하고 고칠 수 없는 상처를 고치시리라는 것과 모든 병의 원인이 악이라는 것을 믿는다면, 너는 그리스도께서 너의 육체의 일시적인 고통과 질병을 고치실 수 있음을 믿을 것이고, 오로지 그분만 의지하여 의사들의 수단과 치료는 무시하게 될 것이다."154)

그러나 성 바르사누피오는 이것이 극히 일부 사람만이 도달할 수 있는 이상이므로 다른 사람들에게 강요해서는 안 된다는 것을 인식했다.155) 마찬가지로 성 그레고리오 팔라마스도 세상과 인간적인 방법을 거부하는 수도원 생활의 과격주의를 근거로 하여 이를 정당화하였다.156) 그러나 그는 이것을 모든 그리스도인들에게

---

153) 같은 책.
154) 『강론집』(Coll. H) XL VIII. 4.
155) 아래를 볼 것.
156) 위의 인용문 중.

강요하려는 생각은 하지 않았고, 뿐만 아니라 이것을 수도자들을 위한 막연한 원칙으로 삼지도 않았다.157) 그는 교부들이 "충분한 믿음에 이를 수 없는 사람들을 형편없는 사람으로 보지는 않지만 […] 때로는 그들도 우리의 약점에 사랑스럽게 몸을 낮춘다."라고 기록하였다.158) 그래서 성 바르사누피오는 이념을 말하기보다는, 모든 영적인 아버지가 그러하듯이, 각자의 영적인 상태에 적합한 권고를 각자에게 해주었다. 그는 완벽에 가까운 사람들에게는 더 많은 것을 요구하고, 다른 사람들의 약점을 겸손하게 대할 줄을 아는 사람이었다. 예를 들어, 이들 중 한 사람에게 쓴 편지에서 "의사에게 진찰받는 것에 대하여 말하자면, 완벽한 사람들만이 고통스럽더라도 모든 것을 완전히 하느님께 맡겨드릴 수 있다. 반면에 약한 사람들은 의사에게 간다."159)라고 했다. 오리게네스도 같은 의견이다. "의학이 단순하고 평범한 인생의 관점에서 사용된다면 필요하다. 더 높은 인생을 원한다면 […] 전능하신 하느님을 향하여 경건해져야 하며, 또한 그분께 기도하면서 청원을 드려야 한다."160) 성 마카리오의 견해는, 많은 주석가들이 그를 성급하게 테르툴리아노, 타티아노, 아르노비오와161) 같은 주석가들과 함께

---

157) 같은 책.
158) 같은 책.
159) 『편지』 770
160) 『Adv. Celsus』 VIII, 60.
161) 참조. F.Kudlien, "냉소와 의학", 『의학 역사 공보』, 43, 1974, 37-318. D. W. Amundsen, "초기 그리스도교의 의학과 믿음", 348; T. S. 밀러, 『비잔틴 제국의 병원 탄생』, 54. 밀러는 이것이 메살리아니즘(messalianism) 이단과 관계 있다고 생각한다. Villecourt와 Dörries와 Deppe는 메살리아니즘에 관한 마카리오의 논문을 지지했으나, 당시의 많은 전문가들은 거부했다. 예를 들자면, B. Krivocheine(『그리스도에 비추어서』, 성 블라디미르 신학교 출판사, 1986, 31), P. Deseille(Introduction aux 『Homélies spirituelles』 de St Macaire, Bellefontaine, 1984, 12-17). 특히 J. Meyendorff는 마카

열거했지만, 주의해서 읽어보면, 사실은 오리게네스, 성 바르사누피오와 성 그레고리오 팔라마스와 비슷한 뉘앙스를 훨씬 더 많이 풍긴다. 그가 쓴 다음의 인용구를 보자. "아마 사람들은 말할 것이다. '육체를 치료하기 위해서 하느님은 땅에서 나는 약용식물과 약을 주셨고, 육체의 병을 위한 의사의 보살핌을 주셨다.' 나는 그렇다고 인정한다. 그러나 어떤 방법으로 누구에게 이것을 주셨는지를 신중하게 이해해야 한다. 그리고 하느님은 누구를 위해서 그 섭리적 방법으로, 인간에 대한 당신 사랑에 의해서, 그리고 당신의 최상의 무한한 선으로 감동되시어 이런 약용식물과 약들을 쓸모 있게 해주셨는가를 이해해야 한다. […] 하느님께서 이 세상 사람들에게 이 치료법을 주셨다는 것을 이해해야 한다. […] 사람들의 편안함을 위해서, 사람들의 육체를 치료하고 돌보도록 하기 위해서, 그리고 아직 완전히 당신께 자신을 맡기지 못하는 모든 사람들을 위해서 하느님께서 이런 약들을 사용하도록 허락하셨다는 것을 이해해야 한다. 그러나 고독한 삶을 살면서 그리스도를 향하여 발걸음을 옮기고 하느님의 자식이 되어서 높은 곳에서 성령에 의해 태어나기를 원하는 당신들은 […] 이 세상의 이방인이 되었으므로, 새로운 믿음과 새로운 사고방식과 생활 방식을 가져야 하고, 이 세상의 다른 모든 사람들과는 달라져야 한다."162)

완벽한 사람들에게는 하느님이 그들을 위한 전부이시므로 의학이 필요 없다. 그리고 그들은 직접적이고 독특한 방법으로 하느님께로 향한다.163) 이렇게 그들이 자신들의 병을 참을 수 있거나

리오의 글이 메살리우스파의 일탈에 대해서 반론하는 것이라고 했다("Messalianism or Anti-Messalianism? 마카리오 문제 다시 보기," 『Kyriakon. Festschrift Johannes Quasten』, Münster Westf.,1970, vol.II, 585 -590).
162) (Coll.II)XLVIII.5-6.

하느님으로부터 치유를 받을 수 있는 것은 그들의 영적인 상태가 그러하기 때문이다.164) 이 마지막 예로 볼 때, 결국 그들이 고침을 받는 것은 자신의 능력의 결과라고 생각하고, 자신을 마치 성인인 것처럼 생각하고, 자신이 이룬 기적을 자랑하고, 다른 사람의 어떤 도움도 가치 없다고 생각하도록 이끄는 교만의 유혹을 피함으로써 그들이 겸손해질 수 있기 때문이다. 성 바르사누피우오는 편지를 주고받던 사람 중 한 명에게 경고한다. "당신이 의사들에게 의지하지 않는다면, 일체의 자기 과시성 생각들에 주의하십시오."165) 한편, 포티케의 성 디아도코는 영성을 추구하는 사람이 아파서 의사를 요청하는 것은 "특별히 자만심의 먹이가 되지 않고, 악마의 유혹에 떨어지지 않고, 의사가 필요 없다고 자랑하지 않기 위해서이다."166)라고 권고한다. 성인들이 기도를 통해서 자신과 제자들과 방문객들의 질병 치유를 하느님으로부터 직접 얻을 수 있음에도 불구하고 세속 의학을 찾는 것은 종종 겸손 때문에 그런 것이다.167)

그래서 완벽하지 못한 사람도 반드시 그렇게 해야 한다. 성 바르사누피오는 약한 사람들이 의사를 찾아가는 것은 "죄가 있어서가 아니라 겸손하기 때문에 그런 것이다. 왜냐하면 그는 의사를 찾아갈 만큼 충분히 연약하기 때문이다."라고 썼다.168) 그의 견해

---

163) 참조. 성 그레고리 팔라마스, 상기 인용문.
164) 참조. 성 바르사느피오, 『편지』 532.
165) 『편지』 508.
166) 『백개의 장』 53.
167) 참조. 예컨대, John Moschus, 『영혼의 목장』 42,65,184; 팔라디오, 『Lausiac History』 XXIV.2; XXXV.11-12; XXXVIII.9. 치루스의 테오도레투스, 『시리아 수도사의 역사』 XIII.; 성 요한 크리소스토모, 『올림피아드에게 보내는 편지』 IV.1.

는 원칙에서는 꽤 엄격했지만, 실행할 때는 훨씬 융통성이 있는 듯하다. 그래서 그는 미래의 의료 책임을 성 도로테오에게 맡기고, 그에게 세속 의학을 따르도록 격려했다.[169]

실제로 성 바르사누피오에게 중요한 것은 의술을 이용할 때마다 그것으로 고치는 이는 언제나 하느님이심을 사람들이 결코 잊지 않아야 한다는 것인 듯하다.[170]

치료의 세속적인 수단을 영적으로 이해하기

이런 전망에서 볼 때, 테르툴리아노와 타티아노와 아르노비오가 지지하는 엄격주의자들의 입장은 그들의 영향력을 인정하는 긍정적인 의미로 해석될 수 있다. 그들이 가장 두려워하는 것은 의사에 대한 믿음이 하느님에 대한 믿음을 대체하며, 의술을 이용하는 사람들이 물질적인 속성 자체를 신뢰하면서 그런 종류에 대해서 맹신하는 자세로 변하게 되는 것인 듯하다. 그것은 그리스도인들이 세속 의학을 선택할 때, 하느님이 유일한 의사라는 기본적인 진실에 반대되지 않는 것을 반드시 애써서 이해하고 실행해야 하는 것과는 정확하게 반대된다.

무엇보다도 먼저, 교부들은 자연에서 발견되거나 자연적인 요소로 만드는 치료법은 그것을 찾아내고 추출하고 만들고 유익하게 적용하는 모든 기술과 더불어 모두 하느님께 그 기원을 두고 있

---

168) 『편지』 779.
169) 참조. 『편지』 327.
170) 참조. 『편지』 129, 327, 508, 770.

음을 강조한다. 그것들은 모두 하느님께서 인간에게 주시는 선물이며, 그러기에 우리는 죄에 떨어진 이래로 우리 몸이 복종해온 타락한 세상에서 능력껏 육신적인 존재의 조건에 대응해 나갈 수 있는 것이다.171)

성 바실리오는 "하느님은 각각의 다양한 기술들을 우리에게 주셔서 자연에서 부족한 것을 보충하게 하신다. […] 그리고 이것은 분명히 의학이다."라고 썼다.172) 그리고 다음과 같이 덧붙였다. "육체는 많은 병에 걸리는데, 그 원인은 내부적일 수도 있고 외부적일 수도 있다. […] 그리고 때로는 넘쳐서 고통을 받고, 때로는 모자라서 고통을 받는다. 이것이 바로 우리의 전 인생을 다스리시는 하느님께서 넘치는 것은 없애주시고 모자라는 것은 채워주시는 의학을 우리에게 주신 이유이다."173) "죄로 인하여 죽을 수밖에 없는 운명에 놓였고, 그래서 각종 질병에 걸릴 수밖에 없게 된 만큼, 우리는 아픈 모든 사람을 위하여 의학이 얻어낸 구제책을 하느님으로부터 받았다. 땅이 모든 질병을 치료하는 데 특별히 알맞은 특성이 있는 식물들을 생산해내는 것은 우연한 일이 아니다. 오히려 창조주는 그 식물들이 우리를 위하여 쓰이기를 원하신다."174) 치루스의 테오도레투스는 심지어 이렇게 썼다. "육체를 공격하는 고통은 여러 가지이지만, 각각의 질병과 싸우기

---

171) 참조. 오리게네스, 『잠언에 관한 강론집』 37,1, PG 12.1369; 성 마카리오, 『강론집』(Coll.II) XLVIII. 5-6; 성 바실리오, 『위대한 규칙』 55.
172) 『위대한 규칙』 55. 참조. 치루스의 테오도레투스, 『섭리에 관한 담화』 IV.
173) 같은 책.
174) 같은 책. 포티케의 성 디아토쿠스는 심지어 하느님이 사람들에게 그것이 필요할 것임을 아셨기 때문에 그것을 만드셨다고 주장한다. "인간의 경험은 하루 만에 의술을 개발하므로, 이런 이유로 이런 치료법들은 먼저 존재했다." (『100개의 장』 53).

위해서 의술이 발견한 치료법은 훨씬 더 많다. 만일 창조주께서 땅으로 하여금 많은 식물을 생산하게 하셨다면 - 먹는 것뿐만 아니라 못 먹는 것까지도 - 그것은 정확하게 사람들에게 식료품뿐만이 아니라 자신의 치유를 위한 구제책도 필요했기 때문이다. 이것이 바로 그 식물들 중에서 우리가 자체적으로 이용할 수 있는 몇 가지를 갖고 있는 이유이다. […] 반면에 의사들은 다른 것들을 모아서 우리의 질병을 고치는 치료약을 만든다. 그래서 그 결과 우리가 섭취했을 때 결정적인 것은 우리의 질병을 몰아내는 치료약이 된다."175) 오리게네스가 지적하듯이, "창조주께서는 사람이 필요로 하는 치료약을 자연에 두기만 하신 것이 아니라, 사람에게 이성을 부여하시고 그것을 사용할 수 있는 지식 또한 주셨다."176) 의사가 병을 진단하고 치료법을 처방하는 지식은 약제사가 약을 준비하는 지식과 더불어 하느님이 인간에게 주신 지성으로부터 나온다.

오리게네스가 묻는 것처럼, "모든 지혜가 하느님으로부터 온다면(집회 1,1 참조), 건강에 관한 학문보다 더 뛰어난 어떤 학문이 하느님으로부터 나올까?"177)

성 바실리오가 썼듯이, 사람은 의학과 그 처방을 받아들임으로써 "하느님의 영광을 드러내게" 된다.178) 의사는 의술과 그가 처방하는 약을 통하여 창조주께서 인간 정신이나 모든 피조물에게 너그럽게 부어주시는 신성한 에너지를 단지 실행할 뿐이다. 의학

---

175) 『섭리에 관한 담화』 IV.
176) 『시편에 관한 강론집』 37,1. PG 12.1369. 참조. 『민수기에 관한 강론집』 XVIII.;『세 왕에 관한 주석』 XV.23.
177) 참조.『민수기에 관한 강론집』 XVIII.3.
178) 위의 인용문. 참조. 테오도레투스의 인용문.

과 그 치료법은, 사람이 이 치료법을 하느님의 영광의 빛을 모든 피조물 위에 비추게 하는 신성한 섭리의 중개자로 인식할 때, 세속적인 양상을 띠게 된다. 의학과 그 치유법이 종교적인 치유 수단과 경쟁하거나 비교되는 것이라기보다는 오히려 종교적인 치유 수단의 간접적인 형태이며, 궁극적으로는 오직 한 분이신 의사, 즉 하느님이 계시다는 것을 드러낸다. 왜냐하면 의사들은 신자이든 혹은 신자가 아니든 간에, 하느님을 알든 혹은 모르든 간에 하느님의 은총, 권능, 덕행들, 에너지를 통해서만 선을 위하여 효율적으로 행동할 수 있기 때문이다. 이 치료법들을 통하여 하느님은 의료인이 되신다. 성 바실리오는 하느님은 "눈으로 볼 수 있는 것들로써" 우리를 구하신다고 썼다.179) 그런 방법으로 "합리적으로"(*logikōs*) 움직이는 의사를 통하여 일하시는 분이 바로 하느님이시다.180) 이것이 성 바르사누피오가 다음과 같이 쓴 이유이다. "우리가 의사를 통하여 그분이 우리를 치유하시리라는 것을 믿으면서 우리 자신을 의사에게 맡기는 것은 하느님의 이름 안에서이다."181)

치유는 하느님으로부터 온다

한편으로는 자연적으로 낫게 되기도 하지만, 치유 자체는 실제로 하느님으로부터 나온다. 안티오키아의 성 테오필로는 이것으로

---

179) 위의 인용문.
180) 참조. 성 바실리오의 인용문. 교부들의 경우, *logikōs*라는 용어의 가장 깊은 뜻은 "하느님의 말씀(Logos)을 따른다"이다.
181) 『편지』 508.

아우톨리코(Autolychus)의 관심을 끈다. "당신은 아파서 살이 빠지고, 체력이 약해지고, 외관이 수척해질 수 있다. 그러나 당신은 하느님 안에서 자비와 치유를 발견하고 몸집과 외관과 체력을 되찾는다. 당신이 체중과 외관과 체력을 잃었을 때는 그것이 어디로 갔는지 모른다. 뿐만 아니라 어떻게 그것이 다시 생겼고 어디로부터 왔는지도 모른다. 그러나 당신들은 '그것들은 혈액 속으로 들어간 음식과 음료로부터 왔다.'고 말할 것이다. 맞다! 그러나 그 음식과 음료가 그렇게 되도록 만드신 이도 하느님이시다. 다른 이가 아니라 오직 하느님이시다."182)

집회서는 이미 이 다양한 개념들을 환기시켰다. "남을 도와주는 의사를 존경하여라. 주님께서 그를 창조하셨다. 치유(히브리어 본에 따르자면, 의사의 지혜)는 지극히 높으신 분에게서 오니 그는 임금에게서 선물을 받는다. […] 주님께서 땅에 약초를 마련해 놓으셨으니 현명한 사람은 그것을 소홀히 하지 않으리라. […] 그분께서 친히 사람들에게 지식을 주시어 당신의 놀라운 업적을 보고 당신을 찬양하도록 하셨다. 의사는 약초를 이용하여 병을 고치고 고통을 덜어 준다. 약사도 이 약초로 약을 조제하니 주님의 위업은 끝없이 이어지고 그분에게서 평화가 온 땅 위에 퍼져 나간다"(집회 38,1-8).

그래서 그리스도교의 입장은 자연주의를 완전히 반대하고 의술과 치료법이 그 자체로 훌륭하고 효과적인 치료수단이라는 믿음을 허상으로 본다. 성 바르사누피오는 "하느님이 없으면 아무것도 가능하지 않고, 심지어 의사조차도 있을 수 없다."고 강조한다.183)

---

182) 『아우톨리코에게』 I.13.
183) 『편지』 770.

그는 또 이렇게 덧붙인다. "하느님이 없으면 그 누구를 위한 치유도 없음을 명심하라."184)

이것이 바로 그리스도인들이 의사에게 의존할 때라도 의사들을 단순히 중개자로 보는 이유이다.185) 그리스도인들은 하느님의 이름으로 의사들을 부른다.186) 그리고 그들이 치유를 요청하는 것은 의사들을 통해서이지만, 치유는 하느님으로부터 온다. 성 바르사누피오는 다음과 같이 쓴다. "의사에게 기대는 사람들은 하느님께 의지하는 동안에도 의사들에게 기댈 수 있다. 그리고 그들은 이렇게 말한다. '우리가 하느님께서 의사들을 통하여 우리를 고쳐 주심을 믿으면서도 우리 자신을 의사들에게 맡기는 것은 바로 하느님의 이름 안에서이다'."187)

마찬가지로, 그리스도인은 처방에 따를 때에도 그 처방이 효과가 있기를 하느님께 기도한다. 그리고 일단 치유되면, 그는 다시 하느님께 감사기도를 드린다. 성 바실리오는 이런 주제로 히즈키야의 예를 언급한다(2열왕 20,7), 그는 "반죽이나 무화과가 건강의 유일한 원인이라고 생각하지 않았으며, 게다가 그런 것들이 그를 치유했다고 여기지 않았지만, 무화과를 만드신 하느님께 감사드렸다."188) 사람이 하느님께로 돌아서지 않으면, 아사 왕의 경우처럼 영적인 죽음에 처해진다(2역대 16,12-13). "아사는 통치 제 삼십구년에 발에 병이 났는데, 그 병이 매우 깊어졌다. 그렇게 아픈데도 그는 주님을 찾지 않고 의사들을 찾았다. 그리하여 아사는 자기

---

184) 『편지』 327.
185) 참조. 성 바실리오의 인용문.
186) 참조. 성 바르사누피우스, 『편지』 508, 532.
187) 『편지』 508.
188) 위의 인용문 중에서.

조상들과 함께 잠들었다. 임금이 된 지 사십일 년째 되던 해에 죽은 것이다." 이것은 또한 수도원장 마카리오가 예리하게 상기시키는 것이다. "만일 사람이 육체적으로 아플 때 욥이나 중풍환자처럼 위로부터 오는 도움을 소망하지 않으면, 그는 성 삼위일체의 권능을 모독하는 것이며, 사탄에게 자신의 마음을 내어주는 것이다."189) 오리게네스는 아사 왕의 이야기에서 다음과 같은 교훈을 얻는다. "신앙심이 있는 사람들은 의사들을 하느님의 하인으로 여기면서 의지한다. 그리고 하느님이 땅에서 식물을 자라나게 하시고 거기에 다른 [약용] 물질도 주시는 분이신 것처럼, 인간에게 의학을 주시는 분은 바로 하느님이심을 앎으로써 의사에게 기꺼이 의존한다. 또한 그들은 하느님이 뜻하지 않으시면 의사의 의술은 아무런 효과가 없음을 안다."190)

그리스도인 의사들의 태도에서 가장 큰 특징은 그들 스스로나 아니면 단지 의술만으로는 아무것도 할 수 없다고 느끼는 것이다. 이것이 바로 그들이 진료하기 전에 하느님께 영감을 주십사고 기도하는 이유이다. 그들은 또한 어떠한 치료 과정을 처방하기 전에 그것이 충분하고 효능이 있는지를 하느님께 묻는다. 그리고 자신들을 하느님의 재생의 은총의 분명한 수단으로 삼아 하느님의 권능을 아픈 자들에게 내려 주시기를 간구한다. 성 바르사누피오는 "의술을 실행하는 사람은 반드시 하느님의 이름 안에서 행해야 하며, 그리하면 하느님께서는 그를 도울 것이다."라고 말한다.191) 집회서는 의사들에 관해서 말한다. "그들 역시 주님께

---

189) 『Apophthegamata(격언집)』, Am. 200. 5.
190) 『세 왕에 대한 주석』 XV.23.
191) 『편지』 327.

기도하여 자신들에게 올바른 진단과 생명을 구하기 위한 치유의
은혜를 베풀어 주시도록 청한다"(집회 38,14).

의학의 한계

이러한 의학의 한계로 인하여 의사들이 가능하다고 추론하는 것
이 줄어든다. 집회서는 의사에 대해서 이렇게 말한다. "의술은 그
의 머리를 높여 주고 고관들 앞에서 칭송을 받게 한다"(집회 38,8).
치유하는 힘이 의사 자신에게서나 의학 자체에서만 나온다고 믿는
사람들에게 욥은 외친다. "자네들은 거짓을 꾸며 내는 자들, 모두
돌팔이 의사들일세"(욥기 13,4).

따라서 교부들은 과학과 의료업의 가치를 인식하는 반면에, 그
한계를 분명히 강조한다.192) 교부들은 종종 아픈 사람들에게 약
과 의사를 절대적인 것으로 생각하고 하느님이 궁극적으로 유일
한 의사이시며 모든 치유의 유일한 근원이 되심을 잊어버리는 유
혹에 대하여 경고한다. 그래서 시리아인 성 이사악은 "육체에 의

---

192) 많은 성인전에 특정한 질병을 고치지 못하는 의사들이 강하게 강조되어 있
다. 특히 unmercenary saints에 관련되는 책들이다. 참조. 그것들 중 『성 고
스마와 다미아노』, ed. L. Deubner, Leipzig-Berlin, 1907, 16(p138-29),
23(p.160-610); 『Vita Sampsonis』, PG115.284-288; 또한 팔라디오, 『라우지
아의 역사(Lausiac History)』 XXXVIII. 9를 보라. 『시케온의 성 테오도로
의 생애』 80b, 97, 121, 156. 이런 무기력함이 복음사가 마르코와 루카에
의해 하혈병 걸린 여자 이야기에서도 지적되어 있음을 주목해야 한다. "열두
해 동안이나 하혈하는 여자가 있었다. 그 여자는 의사들을 찾아다니느라 가
산을 탕진하였지만, 아무도 그를 고쳐 주지 못하였다"(루카 8,44); "열두 해
동안이나 하혈하는 여자가 있었다. 그 여자는 숱한 고생을 하며 많은 의사의
손에 가진 것을 모두 쏟아 부었지만, 아무 효험도 없이 상태만 더 나빠졌
다"(마르 5,25-26).

해 좌우되는" 지식이나 과학 일체를 지식의 제일 낮은 단계에 둔다. 그런 지식이나 과학은 "이 세상에만 몰두하여" "하느님의 섭리가 우리를 통제한다는 것을 알지 못한다." 마찬가지로 성 이사악은 "사람 자신의 노력이나 행동을 통하여 사람 자신의 내면에 자연적으로 모든 선한 것을 가지고 있다는 것과 해로운 것으로부터 사람을 자유롭게 해주는 구원이 있다는 것과 알게 모르게 생기는 많은 역경의 어려움을 피하게 하는 조심성을 가지고 있다는 것"을 사람이 믿게 하는 모든 지식을 평가한다. 그리고 또한 그는 "눈에 보이는 세계를 다스리는 신은 없다고 말하는 사람들과 같이, [지식] 자체가 모든 일들의 섭리라고 생각하는" 사람에 대해서 말한다.[193]

성 바르사누피오는 다음과 같이 쓴다. "우리는 희망을 [약에] 두어서는 안 되고, 생명과 죽음 모두를 주시는 하느님 안에 두어야 한다. 하느님은 말씀하셨다. '나는 치기도 하고 고쳐 주기도 한다'(신명 32,39)."[194] 마찬가지로 성 바실리오도 말한다. "우리가 의학에 의존할 때는 건강과 질병을 전적으로 의학에 돌리지 않도록 조심해야 한다."[195] 그리고 그는 다시 말한다. "일부 불행한 사람들이 망설임 없이 의사들을 구세주라고 부르는 것을 보듯이, 의사의 치료에 희망을 두는 것은 어리석은 일이다."[196] 포티케의 성 디아도코는 한편으로는 의사의 도움을 받을 것을 권하면서도 "우리의 희망을 의사들의 치유에 두어서는 안 되고, 오직 우리의 진정한 구세주요 의사이신 예수 그리스도께 두어야 한다."고 말한

---

193) 『금욕주의 강론집』 63.
194) 『편지』 508.
195) 상기 인용문 중에서.
196) 같은 책.

다.197)

　의술은 그 본성상 한계가 있다. 그래서 '과학'은 현상이 있어야만 열매를 맺을 수 있고, 병을 앓는 사람과 관계없이 병 자체를 하나의 현실로서 자연스럽게 보게 된다. 환자는 '사례'로 간주되고 하나의 증상들로 축소되며, 결국에는 하나의 대상으로서 처리된다. 그러나 병을 앓는 몸은 언제나 사람의 몸이다. 그 몸의 상태는 언제나 영혼과 연결되며, 그 사람의 영적인 상태뿐만 아니라 심리 상태와도 연결된다. 인간과 하느님의 관계 및 질병이 인간의 직접적인 상황뿐만 아니라 운명까지도 포함하는 상황에서 가정해볼 수 있는 영적 의미를 가정한다면, 단순히 병의 증상만 관찰해서는 병의 원인과 전개를 완전히 이해하는 것이 불가능한 것 같다.

　질병의 근본 원인과 질병이 다른 때보다 특정한 한 때에 다른 사람보다 특정한 한 사람에게 영향을 미치는 이유는 대개 임상의학자의 이해 범위를 넘어선다. 이것은 임상의학자가 자연적인 원인만을 파악할 수 있는 데 비해서, 질병은 성 바실리오가 아래에서 상기시키듯이 형이상학적인 원인도 또한 갖기 때문이다. "많은 질환들은 […] 모두 그것(원인들)에 대항하여 의학을 이용하는 것이 효율적이라고 생각될 수 있는 원인이 없다."198)

　임상의 관점에서 치료 과정은 풀리지 않는 동일한 문제를 남기는데, 그것은 같은 치료에 대한 다양한 반응, 치료율과 병의 원인 및 병의 정도 사이에 자주 존재하는 불일치, 양성 질병 치료의 어려움, 심각한 질병이 '저절로' 완화되는 것 등이다. 이 모든 것

---

197) 『100개의 장』 53.
198) 상기 인용문 중에서.

을 단순히 과학으로 설명하기는 어렵다. 그 때 사람들은 이것을 환자 자신의 현실과 운명 그리고 하느님과의 관계라고 언급해야 한다. 가끔 하느님은 치료법과는 별도로, 혹은 치료법과 함께 사람을 간접적으로 그리고 눈에 보이지 않는 방법으로 구해내신다. 때때로 하느님의 은총이 어떤 때는 빠르게, 어떤 때는 느리게 작용하는 것은 이 치료법 안에서이다.199) 상황이 어떻든 간에, 치유는 하느님의 뜻에 달려 있다. "하느님은 원하실 때면 언제든지 아픈 사람의 건강을 회복시켜 주신다."라고 성 바르사누피오는 우리를 상기시킨다.200) 왜냐하면 하느님의 뜻은 우리 각자를 위해서 영적으로 가장 유익한 쪽으로 향하기 때문이다.

그리스도교 용어로 묘사되어 있는 인간의 전체 본성과 인간의 종말론은 질병이나 환자를 이해하는 능력에 대해서뿐만 아니라 의학의 효용범위에서도 한계를 드러낸다.

한편, 의학이 가져다주는 위안은 단지 길게만 지속될 수 있을 뿐이다. 우리의 부패하기 쉬운 육체는 다른 질병과 궁극적으로는 죽음에 영향을 받게 되어 있다. 치루스의 테오도레투스는 죽음이 "의사를 혼란시키고 치료법의 자부심을 무안하게 만든다."201)라고 기록했다.

영혼의 치유를 위해 돌보기

다른 편으로, 사람은 단지 육체만 가지고 있는 것이 아니다.

---

199) 참조. 성 바실리오, 상기 인용문 중에서.
200) 『편지』 770.
201) 『섭리에 관한 담화』 VI. 참조. 성 그레고리오 팔라마스, 『삼자 관계』 II. 10.

그래서 성 바실리오는 "그리스도인들은 육체만을 돌보는 것 같은 인생은 피해야 한다."고 말한다.202) 육체만 지독하게 염려하는 것은 육체와 영혼을 영원히 잃어버리게 할 것이다.

그리스도인은 아플 때 하느님께 간구함으로써 이를 기회로 자기 육체의 구원을 받을 뿐만 아니라 더 중요하게는 영혼까지 구원받는다. 성 바실리오는 이런 충고를 한다. "모든 경우에, 의학의 법칙을 따르든 혹은 위에서 언급한 이유로 의학을 무시하든 간에, 하느님의 뜻을 마음에 새기고 영혼에 유익한 대로 움직여서 사도들의 권고를 수행해야 한다." "그러므로 여러분은 먹든지 마시든지, 그리고 무슨 일을 하든지 모든 것을 하느님의 영광을 위하여 하십시오"(1코린 10,31).203) 중요한 것은 치료의 수단이 무엇이든 간에, 하느님 안에서 치유와 질병 둘 다 경험해야 한다.

다시 한 번 성 바실리오는 충고한다. "치유의 은총이 우리에게 주어지면 […] 하느님이 보이지 않는 방법으로 우리를 구원하셨는지 혹은 눈에 보이는 방법으로 구원하셨는지 구별하지 말고, 감사하게 받읍시다."204) 사람은 아플 때와 마찬가지로 건강할 때도 그리스도 안에서 전 존재가 완전하고 결정적으로 구원을 받아야 한다는 궁극적인 목표를 잊어서는 안 된다. 의사가 되기를 원했던 젊은 판터레이몬(Panteleimon)에게 역시 의사이던 그의 영적인 아버지 성 헤르몰라오(St. Hermolaus)는 다음과 같이 말했다. "에스클라피오(Esclapius), 히포크라테스(Hippocrates), 갈레노스(Galen)는 육체의 질병을 치유하는 비결을 확실히 전달했고, 반드시 잃게

---

202) 상기 인용문 중에서.
203) 같은 책.
204) 같은 책.

될 건강과 생명을 당분간은 지켰지만, 예수 그리스도는 육체와 영혼을 고치시고 영원한 생명을 주셨다는 점에서 훨씬 더 훌륭한 의사이셨다."205) 모든 그리스도인 의사들은 하느님의 뜻에 따라 시술할 때 행위로 성별되었고,206) 또한 헌신하면서 자신들이 돌보는 사람들에게 무엇보다도 그리스도 안에서 인간 본성이 완전하게 치유됨을 선포하는 것은 바로 이런 전망 안에서이다.

그 의사들은 그리스도의 예를 따라서 육체의 기적적인 치료를 통하여 영혼의 기적적인 치료를 드러낸다. 그들은 의술의 속성을 계속해서 보여주면서 모든 치료의 근본적이고 초월적인 모든 근원을 나타내 보임으로써 의술의 한계를 돌파한다. 그들은 자신들의 시술과 자산을 자신들이 행하는 기적들 속에 나타나는 은총을 전해주는 수단으로 만든다. 왜냐하면 이런 기적들은 그리스도에 의해서 야기되는 더 심오하고 완전한 치료의 표지와 증거가 되기 때문이다.207)

---

205) Les petits bollandistes, 『성인들의 인생』(파리, 1873), t. IX, 54.
206) 교회가 성찬식에서 성스러운 비영리 의사들의 이름들을 다음과 같이 언급하고 성스러운 병자성사 의식에서 기도를 요청하는데(코스모스와 다이만, 사이러스와 요한, 판테레이몬과 헤르모라우스, 샘손과 디오메데스, 포티우스와 아니세투스, 탈레우스와 트라이폰), 이들이 동방 정교회에서 의사로 분류되어 있음을 주목해야 한다. 이들은 오늘날까지도 그리스에서는 *iatrophilosophoi*(말 그대로, 철학가 의사)로 알려져 있다. 또한 이들은 주로 신학 지식과 경건함으로 알려져 있다(S. 하라카스, "「이성의학」" 앞에 인용한 책에서, 163쪽; D. J. 콘스탄테로스(Constantelos), "중세 그리스교회에서 의사 - 성직자" 149쪽을 볼 것). 가장 유명한 사람 중 하나는 에우스트라티오스 아르젠티(Eustratios Argenti)(1687-1757)이다(T. Ware, 『에우스트라티오스 아르젠티의 터키법 지배하의 그리스교회 연구』, 옥스퍼드, 1964, 45-47을 볼 것).
207) 성화상(이콘)에서 신성한 의사들이 직업을 분명히 드러내는 기구를 가지고 있는 모습으로 묘사되어 있는 것이 주목할 만하다. 성화상은 일반적인 반대 원근법에 따라서 묘사되지만, 들그의 얼굴로부터 발산되는 자존(自存)의 빛(혹은 성스러운 기운)으로 엷게 도금되어 있다. 이것은 유형학이나 교회법에 의거한

모든 의학적인 중재는 상징과 하느님의 부르심이 된다. 의사들은 아픈 사람을 돌보면서 그에게 하느님의 자비를 생각해보고 하느님께 의지하도록 권한다. 의사들은 사람들의 육체를 고치면서 환자들이 자신의 영혼의 치유를 찾도록 권한다.208) 의사들은 질병을 건강으로 바꾸면서 환자들이 회심하도록 격려한다.209) 그러므로 의사들은 의술을 부정하지 않고 의술의 주요 기능을 능가하는 상징적인 의미를 의술 안에서 나타낸다. 성 바실리오는 다음과 같이 썼다. "의술은 영혼을 치유하는 기술을 상징화한다."210) 무엇보다도 먼저 의술을 "우리가 영혼을 돌보는 형태"로 이해해야 한다.211) 교부들은 영혼을 위한 의학으로서 영성의 연구와 실천을 언급하면서 이 상징을 많이 이용했다.212)

육체의 치유는 우리 전 존재의 치유를 상징화하고 예시한다

교부들은 의술을 통한 치유뿐만 아니라 종교적인 수단을 통하여

    이유로 엄격하게 행해진 것은 아니다. 그 때문에 성화상은 이 성인들이 그들의 기술의 영적인 통합을 이루었다는 사실을 표현하고, 또한 그들의 기술을 하느님의 은총의 작용으로 인해 더 큰 실체를 나타내는 수단으로 만들었다.
208) 성 바실리오는 편지 '위대한 의사 에우스트라티오스에게'에서 그가 이런 식으로 행동하는 것을 기뻐한다. "당신은 스스로 사람에 대한 사랑의 한계를 없앴습니다. 왜냐하면 당신은 의술의 한계를 육체에 제한하지 않고, 영혼의 질병을 치유하는 것도 생각하기 때문입니다"(『편지』 CLXXXIX.1.).
209) 그러므로 R. Aigrain이 *L'Hagiographie*(파리, 1953), 185-192에서 강조하듯이, 성인전에서 아픈 사람을 치유하는 것은 언제나 그들과의 대화와 관련이 있다.
210) 위의 인용문 중에서.
211) 같은 책.
212) 이 점은 『Thérapeutique des maladies spirituelles』에서 검토하였다.

행해지는 치유도 이 위대한 영적인 정황 내에 둔다. 어떠한 경우든지, 육체의 병의 치유는 언제나 영적인 질병의 문제를 일으킨다. 교부들은 하느님께 아픈 사람의 육체를 치유해 주시도록 간청할 때마다 영혼도 고쳐주시고 구원도 내려주실 것을 간청한다. 이 관점은 그리스도께서 손수 가르치시고 실행하심으로써 이루어졌다. 그리스도는 육체의 질병을 고치심으로써 사람들을 질병과 육체의 연약함으로부터 구해내시려는 바람과 함께 고통에 시달리는 사람들에 대한 자비와 연민을 보여주신다. 그러나 그리스도께서는 육체의 치유를 넘어서 영혼을 고치시려고 한다 - 그 때문에 영혼이 더 중요하다는 것을 보여주신다. 그리고 육체의 치유만을 위해서 그에게 오는 사람들에게, 당신께서는 다른 의사들과 치료사들보다 얼마나 더 많이 주어야 하는지를 보여주신다.[213] 성 요한 크리소토모가 말하듯이, "예수 그리스도는 무엇보다도 우리의 영적인 질병을 고치기를 원하신다. 왜냐하면 그분이 우리의 육체를 고치시는 것은 단지 그 이후에 영적인 질병을 고치시기 위함이기 때문이다."[214] 그래서 중풍병자는 - 그리고 그를 데리고 나온 사람들은 - (마태 9,1-8; 마르 2,1-12; 루카 5,17-26) '육체의 건강만을 바라고' 육체의 질병이 치유되기만을 바라면서 그리스도께로 온다.[215] 그러나 예수께서는 그의 요구를 들어주는 대신에 말씀하신다. "사람아, 너는 죄를 용서받았다." 예수께서 그 사람을 육체의 질병에서 또한 자유롭게 해주신 것은 몇몇 서기관들이 이의를 제기하고 난 ("이자가 어떻게 저런 말을 할 수 있단 말인가? 하느님을 모독하는군") 바

---

[213] 참조. 오리게네스, 『Adv. 첼수스』 I. 68.
[214] 『마태오 복음에 관한 강론집』 XXIX.2.
[215] 같은 책.

로 다음이다. 우리는 여기서 육체의 치료가 두 번 일어났음을 본다. 이것은 그리스도께서 특별히 영혼 안에서 행하시는 위대한 치유의 눈에 보이는 표지(믿지 않는 사람들에게 접근할 수 있는 유일한 표지인데, 여기서는 서기관들이 나타낸다)이다.216) 그것은 본질적으로 내적인 인간이 영적으로 재생하는 것이 바깥으로 드러남을 상징하고, 그리스도의 권능이 이 과정을 이루어나감을 명백하게 보여준다. 그리스도께서는 "사람의 아들이 땅에서 죄를 용서하는 권한을 가지고 있음을 너희가 알게 해주겠다"라고 하시고, 중풍병자에게 이렇게 말씀하신다. "일어나라!"(마태 9,6; 마르 2,10; 루카 5,24). 그리고 나서 그분은 그의 육체의 병을 고치신다.

영혼의 질병은 육체의 질병보다 더 심각하다

우리 전 존재의 영원한 구원을 목적으로 마음의 참된 깊이를 재는 사람의 눈에는 영적인 질병이 육체의 질병보다 훨씬 더 심각하다.217) 영적인 질병은 그 참된 본성상 식별을 못하는 사람의 눈에는 보이지 않고 그 악영향이 즉각 발견되지 않으므로 더욱 그렇다. 그리스도는 벳자타 연못에서 중풍환자를 고쳐주신 후(요한 5,1-9) 그에게 말씀하셨다. "더 나쁜 일이 너에게 일어나지 않도록 다시는 죄를 짓지 마라"(요한 5,14). 이 '더 나쁜 일'은 죄 자체일 수도 있고 죄의 결과일 수도 있다. 왜냐하면 육체의 질병으로 육체가 죽을 수도 있지만, 질병 자체가 구원에 장애가 되지는

---
216) 성 요한 크리소스토모스, 『마태오복음에 관한 강론집』 XXIX.1-2.
217) 참조. 나지안조의 성 그레고리오, 『강론집』 XIV.18.

않는다. 육체의 질병은 우리의 '외적 인간'(2코린 4,16)에만 영향을 미칠 수 있다. 그러나 영혼의 질병은 사람의 전 존재 즉 육체와 영혼이 구원되는 것을 방해한다. 영혼의 질병은 '내적 인간'의 쇄신을 방해하고, 성령으로 태어나는 '새로운 사람'의 출현을 막는다. 이 새로운 사람은 아버지 하느님에게서 오시어 자신을 하느님 나라의 축복을 영원토록 누리도록 예정된 '새로운 피조물'(2코린 5,17)로 만드시는 예수님의 생명을 자기 영혼과 육신 안에서 드러낸다(2코린 4,10.11). 영혼의 질병은 사람을 "성령을 거스르는"(갈라 5,17) 육신 안에 있게 하는데, 사람은 육신으로부터 단지 멸망(갈라 6,8)과 죽음(로마 8,13)만을 거둘 수 있다. 이것이 바로 그리스도께서 이렇게 말씀하시는 이유이다. "육신은 죽여도 영혼은 죽이지 못하는 자들[이는 무엇보다도 육체의 질병을 뜻함]을 두려워하지 마라. 오히려 영혼도 육신도 지옥에서 멸망시키실 수 있는 분(이는 치유해 주시기를 청하지 않기로 선택한 사람들이 자기 영혼의 질병의 결과로 고통을 겪는 것을 허용하시는 의로운 심판관을 뜻함)을 두려워하여라"(마태 10,28).

육체 건강의 상대적인 특성

육체의 질병 자체는 새로운 피조물로서 본질적인 실재나 영원한 운명에 있어 사람에게 영향을 미치지 못하지만, 그 실재와 운명과 관련해서는 상대적인 가치가 있다. 한편으로는, 사람의 영혼이 아프면, 육체의 건강은 아무 소용이 없다. 왜냐하면 그 사람은 '육에' 머물러 있고(요한 6,63), 육체의 각 지체를 하느님의 영광을 위해서 쓰지 못하기 때문이다. 육신은 사람이 '지옥에서' 벌 받는 것을 궁극적으로 지켜주지 못한다. 다른 한편으로는, 이 세상에서 육체의 건강은 불확실하고 덧없는 것에 지나지 않는다. "모든 인간은 풀과 같고 그 모든 영광은 풀꽃과 같다. 풀은 마르고 꽃은 떨어진다"(1베드 1,24; 이사 40,6). 사람이 이 세상에 사는 한, "흙으로 된 사람"(1코린 15,47-49)과 "물질적인 몸"(1코린 15,44.46)으로서 현재의 상황은 부패에 속해 있고 죄로 인해 죽음을 겪을 수밖에 없다(참조. 로마 5,12). "우리의 외적 인간은 쇠퇴해 가고"(2코린 4,16) "우리의 이 지상 천막집은 허물어진다"(2코린 5,1).

미래에 부패하지 않고 불멸한다는 약속

그리스도께서 육체가 병든 사람들을 고쳐주시고 건강을 회복시켜 주실 때, 그들을 위한 그분의 목적은 훨씬 더 크다. 이는 하느님의 권능으로 부패하지 않고 죽지 않게 된 그들의 몸을 단호하게 일으켜 세움으로써 부패와 죽음으로부터 그들을 해방하시고 영원토록 새 몸과 새 영혼에 진정한 생명을 주시기 위함이다. "그러므로 우리는 낙심하지 않습니다. 우리의 외적 인간은 쇠퇴해 가더라도 우리의 내적 인간은 나날이 새로워집니다. 우리가 지금 겪는 일시적이고 가벼운 환난이 그지없이 크고 영원한 영광을 우리에게 마련해 줍니다. 보이는 것이 아니라 보이지 않는 것을 우리가 바라보기 때문입니다. 보이는 것은 잠시뿐이지만 보이지 않는 것은 영원합니다. 우리의 이 지상 천막집이 허물어지면 하느님께서 마련하신 건물 곧 사람 손으로 짓지 않은 영원한 집을 하늘에서 얻는다는 사실을 우리는 압니다"(2코린 4,16-5,1). 이제부터 그리스도께서 행하시는 기적은, 그 기적에서 우리의 모든 질병이 단호하게 치유되고 우리가 완전하고 영원한 건강을 경험하게 될 것이라는 다가올 회복을 뜻하는 최초의 가시적인 표지인 듯하다. 그리스도께서는 어떤 사람들은 그들의 몸에서 일으켜 세우시고, 또 다른 사람들은 그들의 무리 속에서 치유하심으로써 "일시적인 것을 통하여 당신이 치유와 생명을 만들어내는 일에 힘을 주시는 유일한 분이심을 드러내시어, 그 결과 사람들이 부활에 관한 말씀 또한 믿어야 한다는 것을 예시하셨다."고 성 이레네오는 썼다.218)

그리스도는 육체도 구원하기 위해서 오셨다

인간의 죽을 운명에는 무관심한 이교의 가짜 신이나 영혼의 해방만을 생각하며 육체를 영혼이 원래 상태로부터 떨어진 무덤으로 여겨 비웃고 그 무덤으로부터 가능한 빨리 영혼을 '해방'시키

---

218) 『Adv. Haer』. V. 13. 1. 참조. 테르툴리아노, 『부활에 관하여』 38. 이와 관련해서, 동사 *sōzein*의 사용법은 그리스도나 제자들이 행한 여러 가지 치유 이야기가 열거되어 있는 성경 구절들에서 흔하게 나타난다(참조. 마태 9,22; 14,36; 마르 5,34; 6,56; 10,52; 루카 8,48.50; 17,19; 18,42; 사도 4,9; 14,9). 우리가 이미 지적한 그 용어에는 '치유하는', '구원하는'의 두 가지 뜻이 있다. 또한 동사 *egeirein*(참조. 마태 8,15; 9,6; 마르 1,31; 2,11; 9,27; 루카 5,24; 6,8; 요한 5,8; 사도 3,6-7)도 두 가지 뜻이 있다. 질병으로부터 일어나고 죽음으로부터 일어나는 것; 다른 말로 하자면 부활하는 것. 이 두 가지 표현에서, 두 번째 뜻은 첫 번째가 정황으로 암시되었을 때 첫 번째 뜻 뒤에서 식별 가능하다. 역으로, 두 가지 뜻은 인간 본성의 치유로서 구원과 부활을 나타낸다.

려는 '현자'와는 달리, 그리스도께서는 인간에 대한 하느님의 사랑을 드러내시고 온전한 그대로의 인간 즉, 육체와 영혼을 구하시기 위해 오신다. 그리스도는 당신이 인간으로 하여금 육신과 영혼 모두를 통해 하느님의 축복의 첫 열매들을 알도록 부르시는 이승에서뿐만 아니라 일단 육신이 부활하여 썩지 않게 되고 나면 자신의 전 존재를 통해 그 축복의 열매들을 영원토록 누릴 수 있는 내세에서도 그렇게 하신다.[219] 하느님의 아들이시요, 하느님의 말씀이신 그리스도는 "그분께서는 하느님의 모습을 지니셨지만 하느님과 같음을 당연한 것으로 여기지 않으시고"(필리 2,6) 황공하게도 육신(요한 1,14)이 되어 주셨다.

그분은 죄에 떨어진 상태에서 모든 인간 본성을 실체화하심으로써(죄를 제외하고), "모든 면에서 우리와 똑같으신"(히브 4,15) 인간이 되심으로써, 감수성 있는 인간의 영혼과 마찬가지로 병과 고통과 죽음에 종속하는 부패할 수 있는 인간 육체를 입으심으로써, "치유될 수 있는 모든 것을 떠맡게 되셨다."[220] 그분은 죄가 없으신데도 인간의 육신으로 아담의 죄의 결과인 고통을 겪으심으로써 우리 인간 본성의 타락성을 떠맡으시고, 심지어는 십자가의 수난까지 받아들이시고 "그분의 육체로"(콜로 1,22) 돌아가시어 영

---

[219] 참조. 『Hagioritic Tome(성인의 무덤)』, PG 150.1233 B-D; 신 신학자 성 시메온, 『교리문답집』, XV.73.74; 성 막시모, 『모호한 것들』, PG 91.1088C: "영혼과 육체에서 본성으로 온전한 사람이 되면, 사람이 적절하게 가지는 신적 은총과 훌륭함과 복된 영광을 통하여 육체와 영혼 안에서 [사람은] 온전한 신이 된다."

[220] 다마스코스의 성 요한, 『정통신앙』 III. 20. 다시 그가 말한다. "그리스도는 나를 완전히 구원하시기 위해서 나를 완전히 맡으시고, 나와 완전히 연합하셨다. 왜냐하면 그분이 떠맡지 않으시면 고치실 수 없기 때문이다"(같은 책, 6). 나지안조의 성 그레고리오도 마찬가지로 말한다. "떠맡지 않으신 것은 고치실 수 없고, 하느님과 연합하는 것은 구원된다"(『편지』 CI).

혼은 지옥에서, 몸은 무덤에서 머무르셨다. 그럼에도 그분은 변함없이 여전히 하느님이시므로, 지옥의 권세가 당신의 영혼을 다스리지 못하게 하시고 육신도 부패에 종속하지 못하게 하셨으며(사도 2,31), 오히려 지옥과 부패를 물리치셨다. 그래서 그리스도께서는 자신 안에서 부패의 노예로부터 우리를 자유롭게 하시고, 당신이 파멸시키신 마귀(히브 2,14)의 횡포와 당신이 소멸시키신 죄의 지배로부터 우리의 인간 본성을 자유롭게 해주셨다. 그분은 당신의 죽음으로써 죽음을 이기셨고, 당신의 부활로써 우리의 전체 본성, 즉 육체와 영혼에 생명을 주셨고, 당신의 승천으로써 우리의 전 존재를 영광스럽게 하셨으며, 그리고 아버지 하느님의 오른편에 앉으셨다. 그리고 마지막 때에 세상을 심판하기 위해서 영광 속에 다시 돌아오시는 것은 바로 이렇게 쇄신된 동일한 본성을 가지고 하시는 것이다.

그리스도께서 승리하심으로써, 죽음은 더 이상 인간의 마지막이 아니다. 엄밀히 말하자면, 죽음은 더 이상 육체가 영혼으로부터 확실하게 떨어져 나가는 것이 아니며, 돌이킬 수 없는 해체 또한 아니다. 성 요한 크리소스토모가 말하듯이, 이제부터 죽음은 단지 부패가 죽는 것이고 죽음이 파괴되는 것이다.221) 인간이 여전히 죽어야 한다면, 그것은 생명이 끝나는 것이 아니라 자신의 죽음을 초월하여 다시 살아나서 부패하지 않고 불사불멸하게 되는 것이다.222) 왜냐하면 뿌린 씨는 "죽지 않고서는 살아나지 못하고"(1코린 15,36) "썩는 것은 썩지 않는 것을 물려받지 못하기"(1코린 15,50) 때문이다.

---

221) 『죽은 자의 부활에 관한 강론집』 7. 참조; 『시편에 관한 주석』 XLVIII. 5.
222) 「그런 죽음은 축복이다」 15.

그리스도를 통해서, 그리스도와 함께(1테살 4,14) 그리고 그리스도 안에서(1코린 15,22), 성령의 권능으로 통해서(로마 8,11), 하느님은 죽은 자에게 생명을 주시고 그의 몸을 일으키신다. 하느님께서 예언자 이사야에게 말씀하신 바에 의하면, 그분은 모든 질병으로부터 사람들을 고치신다. "당신의 죽은 이들이 살아나리이다. 그들의 주검이 일어서리이다. 먼지 속 주민들아, 깨어나 환호하여라"(이사 26,19). 육체는 이전의 질병으로부터 해방되고 원래의 완전함을 회복할 것이다. 이와 관련하여, 테르툴리아노는 다음과 같이 쓴다. "육신이 파괴되어 죽는다면, 육신의 연약함이 얼마나 더 치유될 것인가! [...] 우리가 영광으로 승화된다면, 얼마나 더 완전해질 것인가! 그러기에 죽은 자를 부활시키는 것은 다름 아니라 전 존재를 완전히 회복시키는 것이다. 그 결과로 그들이 일으켜지지 않은 육신의 부분에서도 죽지 않도록 하기 위함이다."223)

하느님은 몸을 일으켜서 원래의 완전함을 회복시키신 후에 육체를 부패하지 않게 하시고 영원히 죽지 않게 만드신다. 왜냐하면 "이 썩는 몸은 썩지 않는 것을 입고 이 죽는 몸은 죽지 않는 것을 입어야 하기"(1코린 15,53) 때문이다. 그리고 나면 "우리는 변화할 것입니다"(1코린 15,52). 그러나 이것은 우리가 지상에서와는 다른 몸을 입음을 의미하지 않는다. 즉 영혼의 재생이나 윤회를 뜻하는 것이 아니다. 교부들은 이 점을 매우 강조하였다.224) 각 사람은 각자 자신의 몸을 입게 되지만, 그 몸은 현재 본성의

---

223) 『부활에 관하여』 57.
224) 참조. 예를 들어, 성 요한 크리소스토모, 『1코린토에 관한 강론집』 XLI.1.과 XLII.2; 『2코린토에 관한 강론집』 X.2-3; 성 이레네오, 『Adv. Haer』. V. 2.3; 테르툴리아노, 『부활에 관하여』 52;53;55;60;62; 니사의 성 그레고리오, 『인간의 창조』 XXVII, XXVIII.

특징인 불완전함, 연약함, 부패성, 죽음으로부터 자유롭게 될 것이다. "죽은 이들의 부활도 이와 같습니다. 썩어 없어질 것으로 묻히지만 썩지 않는 것으로 되살아납니다. 비천한 것으로 묻히지만 영광스러운 것으로 되살아납니다. 약한 것으로 묻히지만 강한 것으로 되살아납니다"(1코린 15,42-43). 더 이상 현재의 물질적인 상태로 존재하지 않을 것이다. 그래서 더 이상 모든 종류의 절박함과 필요성과 한계에 종속되지 않을 것이다.225) 그리스도의 몸과 같이 되었기 때문이다.226)

계속해서 몸이 되어가면서, "몸은 영과 같은 형태를 받을 것이고"227) 그리고, 한때는 "육의 몸"으로부터 생겨났지만, 미래에는 "영의 몸"이 될 것이다.228) 그 몸은 완전히 영과 연합하고229) 영적인 에너지에 전적으로 솔직하다.230) 그리스도께서 말씀하신대로, 우리는 부활 이후에 "하늘의 천사와 같이 될 것이다"(마르 12,25//마태 22,30//루카 20,35-36).231)

---

225) 참조. 니사의 성 그레고리오, 『De mortuis(죽음에 관하여)』, PG 46.532.536; 성 그레고리오 팔라마스, 『삼자관계』 I.3.36.
226) 참조.231 성 요한 크리소스토모, 『필립보에 관한 강론집』 XIII.2. 그리스도는 부활하신 뒤에 "문이 닫혔음"에도 불구하고 들어가시거나(요한 20,19.26) 갑자기 보이지 않으시므로(루카 24,31) 이와 같이 새로운 상태가 된 인간의 육체는 물질의 법을 초월한다고 설명한다. 그리스도께서 제자들과 함께 음식을 드신 것(루카 24,41-43)은 필요해서가 아니라 섭리에 의한 것인데, 제자들이 자기들 앞에 나타나신 분이 유령이라고 믿지 않을 것이기 때문이다(참조. 마르 6,49; 루카 24,37). A hymn from the tone eight Sunday matins says: 당신의 제자들은 "유령을 보았다고 믿었다. 그러나 당신의 손과 발을 보여주면서 무서워하는 사람들을 안심시켰다; 그리고 그들이 여전히 믿지 못하므로, 제자들과 함께 앉아 드셨다."
227) 성 막시모, 『비법전수』 VII.
228) 참조. 성 그레고리오 팔라마스, 상기 인용문 중에서.
229) 참조. 성 막시모, 『신적 이름들에 관하여』 I.4, PG4.197.
230) 참조. 성 그레고리오 팔라마스, 상기 인용문 중에서.

이렇게 새로워진 상태에서, 육체는 더 이상 흙의 형상을 지니지 않고 하늘의 형상을 지닐 것이다(1코린토 15,49). 그러므로 몸은, 더 이상 어떠한 형태의 부패에도 종속되지 않으며, 더 이상 질병이나,232) 육체의 고통과233), 어떤 종류의 악화도 겪지 않을 것이다.234)

그러면 사람은 그의 육체로 완벽하고, 완전하고, 영원한 건강을 경험할 것이고, 그래서 그는 육체와 영혼에서 충만한 은총을 받을 것이다. 그러므로 사람은 전 존재를 통하여 신적 본성에 참여하는 자(2베드 1,4)가 될 것이고, 하느님이 사람을 "신이 되라"고 만드신 그 처음부터 하느님이 사람에게 주신 모든 수단과 지체들과 더불어 하느님의 축복 속에서 영원히 기뻐하게 될 것이다. 그 때 사람은 자신을 변모시키고 생기를 주는 성령의 권능으로 완전해질 것이다.

이렇게 해서, 육체는 인간 실체 속에서 영혼과 더불어 신성해지는 궁극적인 운명을 이룰 것이다. 성 막시모는 "영과 육이 본성상 완전한 사람인 경우, 신의 은총과 지복을 베푸는 영광의 광채로 영과 육에서 완전한 신이 된다."라고 썼다.235)

---

231) 같은 책.
232) 참조. 성 요한 크리소스토모, 『죽음의 위로에 관한 강론집』 I.6; 성 암모나스 (St. Ammonas), 『편지』 I.2.
233) 참조. 성 요한 크리소스토모, 『2코린토에 관한 강론집』 X.1과 2; 『1코린토서에 관한 강론집』 XLI.1; 성 암모나스, 『편지』 I.2.
234) 참조. 니사의 성 그레고리오, 상기 인용문 중에서. 테르툴리아노, 앞에 인용한 책에서, 57.
235) 증거자 성 막시모, 『모호한 것들』, PG91. 1088C.